Glücks Kuchen

Dr. Oetker

Glücks Kuchen

Dr. Oetker Verlag

Vorwort

Glück kann man immer gebrauchen – und so gibt es immer wieder gute Gelegenheiten, anderen Glück zu wünschen und sie mit fantasievollen, aber einfachen und selbst gebackenen Geschenken glücklich zu machen.

Ob es die bevorstehende Prüfung, die Hoffnung auf einen Lottogewinn, das Glück der Verliebten oder einfach nur die guten Wünsche für liebe Freunde sind – der von Ihnen Beschenkte wird sein Glück kaum fassen können.

Versuchen Sie Ihr Glück und beglücken Sie Familie und Freunde mit leckeren Rezepten wie der Glückspilz-Torte, dem Schornsteinfegerhut, dem Gute-Wünsche-Kuchen, den Überraschungspäckchen oder den Glückskeksen.

Alle Rezepte sind von Dr. Oetker getestet und so beschrieben, dass das Gelingen keine Glücksache ist.

So bekommt garantiert jeder ein großes Stück vom Glück!

Abkürzungen

EL	=	Esslöffel
TL	=	Teelöffel
Msp.	=	Messerspitze
Pck.	=	Packung/Päckchen
g	=	Gramm
kg	=	Kilogramm
ml	=	Milliliter
l	=	Liter
evtl.	=	eventuell
geh.	=	gehäuft
gestr.	=	gestrichen
TK	=	Tiefkühlprodukt
°C	=	Grad Celsius
Ø	=	Durchmesser
E	=	Eiweiß
F	=	Fett
Kh	=	Kohlenhydrate
kcal	=	Kilokalorien
kJ	=	Kilojoule

Hinweise zu den Rezepten

Lesen Sie bitte vor der Zubereitung – besser noch vor dem Einkaufen – das Rezept einmal vollständig durch. Oft werden Arbeitsabläufe oder -zusammenhänge dann klarer.

Die in den Rezepten angegebenen Backtemperaturen und -zeiten sind Richtwerte, die je nach individueller Hitzeleistung des Backofens über- oder unterschritten werden können. Bitte beachten Sie deshalb bei der Einstellung des Backofens die Gebrauchsanweisung des Herstellers und machen Sie nach Beendigung der Backzeit eine Garprobe.

Zubereitungszeiten

Die Zubereitungszeit beinhaltet nur die Zeit für die eigentliche Zubereitung, die Backzeiten sind gesondert ausgewiesen. Längere Wartezeiten, wie z. B. Kühlzeiten, sind ebenfalls nicht mit einbezogen.

Torten

Glückshoroskop-Torte | Für Gäste

Zum Vorbereiten:
100 g Sonnenblumenkerne

Für den Biskuitteig:
4 Eier (Größe M)
2 EL heißes Wasser
150 g Zucker
2 Pck. Dr. Oetker Vanillin-Zucker
80 g Weizenmehl
1 gestr. TL Dr. Oetker Backin

Für die Füllung:
200 g kernlose Weintrauben
400 g Mascarpone
    (italienischer Frischkäse)
250 g saure Sahne
50 g flüssiger Honig
30 g Puderzucker

Zum Garnieren:
50 g Zartbitterschokolade
12 Keksröllchen (Cigarettes russes)
100 g kernlose Weintrauben

Zubereitungszeit:
45 Minuten, ohne Kühlzeit
Backzeit: etwa 30 Minuten

Insgesamt:
E: 96 g, F: 315 g, Kh: 469 g,
kJ: 21574, kcal: 5150

1 Zum Vorbereiten Sonnenblumenkerne in einer Pfanne ohne Fett leicht bräunen und auf einem Teller erkalten lassen. Anschließend die Sonnenblumenkerne in der Nussmühle oder im Blitzhacker mahlen.

2 Für den Teig Eier und Wasser mit Handrührgerät mit Rührbesen auf höchster Stufe in 1 Minute schaumig schlagen. Zucker mit Vanillin-Zucker mischen, in 1 Minute einstreuen, dann noch etwa 2 Minuten weiterschlagen. Mehl mit Backin mischen, auf die Eiercreme sieben und kurz auf niedrigster Stufe unterrühren. Sonnenblumenkerne ebenfalls kurz unterarbeiten. Den Teig in eine Springform (Ø 26 cm, Boden gefettet, mit Backpapier belegt) geben und glatt streichen. Die Form auf dem Rost in den Backofen schieben.

Ober-/Unterhitze: etwa 180 °C (vorgeheizt)
Heißluft: etwa 160 °C (vorgeheizt)
Gas: Stufe 2–3 (vorgeheizt)
Backzeit: etwa 30 Minuten.

3 Den Boden nach dem Backen aus der Form lösen und auf einem Kuchenrost erkalten lassen. Für die Füllung Weintrauben heiß abspülen, trockentupfen und halbieren. Mascarpone mit saurer Sahne, Honig und Puderzucker in einen Rührbecher geben und mit Handrührgerät mit Rührbesen gut aufschlagen.

4 Den Biskuitboden einmal waagerecht halbieren. Die Creme in 4 Portionen teilen, eine Portion Creme auf den unteren Biskuitboden streichen und die Weintrauben darauf verteilen. Eine weitere Portion Creme darauf streichen, den oberen Boden darauf legen und leicht andrücken. Mit der übrigen Creme die Torte rundherum leicht wellenartig einstreichen. Auf der Oberfläche 12 Tortenstücke markieren und die Torte mindestens 2 Stunden kalt stellen.

5 Zum Garnieren Schokolade in Stücke brechen und in einem kleinen Topf im Wasserbad bei schwacher Hitze geschmeidig rühren. Schokolade in einen kleinen Gefrierbeutel füllen, eine kleine Ecke abschneiden und auf jedes Keksröllchen den Namen eines Sternzeichens schreiben. Schokolade fest werden lassen. Für jedes Sternzeichen ein Fantasiehoroskop auf ein Stück Papier schreiben. Papier aufrollen und in das entsprechende Keksröllchen stecken. Kurz vor dem Servieren Weintrauben heiß abwaschen, trockentupfen, halbieren und mit den Keksröllchen auf die Torte legen.

(Fortsetzung Seite 8)

Tipp:

Richten Sie sich bei den Sternzeichen nach den Gästen und schreiben Sie nur diese, evtl. dann auch mehrmals, auf die Röllchen.

Zeichnen Sie zusätzlich einfache Sternzeichen auf Backpapier vor, spritzen Sie sie mit aufgelöster Schokolade nach und lassen Sie sie im Gefrierfach fest werden. Lösen sie die Sternzeichen vom Backpapier und geben Sie sie an den Tortenrand (Foto).

Glückspilz-Torte | Für Kinder

Für den All-in-Teig:

100 g Weizenmehl
2 gestr. TL Dr. Oetker Backin
100 g Zucker
1 Pck. Dr. Oetker Vanillin-Zucker
2 Eier (Größe M)
100 g Butter oder Margarine

Für die Beerencreme:

8 Blatt rote Gelatine
250 g Himbeerjoghurt
500 g Magerquark, 50 g Zucker
300 ml Schlagsahne
300 g vorbereitete
   gemischte Beerenfrüchte

Für Guss und Verzierung:

125 ml (⅛ l) dunkelroter
   Himbeersirup
125 ml (⅛ l) Wasser
1 Pck. Tortenguss, rot
100 ml Schlagsahne

Zubereitungzeit:
50 Minuten, ohne Kühlzeit
Backzeit: etwa 25 Minuten

Insgesamt:
E: 129 g, F: 231 g, Kh: 433 g,
kJ: 18695, kcal: 4465

1 Für den Teig Mehl und Backin mischen und in eine Rührschüssel sieben. Restliche Zutaten hinzufügen und alles mit Handrührgerät mit Rührbesen auf höchster Stufe in etwa 2 Minuten zu einem Teig verarbeiten. Teig in eine Springform (Ø 26 cm, Boden gefettet, mit Backpapier belegt) füllen und glatt streichen. Die Form auf dem Rost in den Backofen schieben.

Ober-/Unterhitze: etwa 180 °C (vorgeheizt)
Heißluft: etwa 160 °C (vorgeheizt)
Gas: Stufe 2–3 (vorgeheizt)
Backzeit: etwa 25 Minuten.

2 Boden aus der Form lösen, auf einen Kuchenrost legen und erkalten lassen. Für die Beerencreme eine Schüssel (etwa 3 l, oberer Ø etwa 26 cm) mit Frischhaltefolie auslegen. Gelatine nach Packungsanleitung einweichen. Joghurt mit Quark, Zucker und Vanillin-Zucker in einer Rührschüssel verrühren. Gelatine ausdrücken, auflösen und zunächst mit etwas von der Joghurt-Quark-Masse verrühren, dann unter die restliche Masse rühren und kalt stellen.

3 Sobald die Masse beginnt dicklich zu werden, Sahne steif schlagen und unterheben. Beerenfrüchte unterheben und die Masse in die vorbereitete Schüssel füllen. Masse mit dem Boden (evtl. etwas zurecht schneiden) belegen, Boden andrücken und die Schüssel 2–3 Stunden kalt stellen.

4 Für den Guss die Torte aus der Schüssel lösen, auf eine Tortenplatte stürzen und die Frischhaltefolie entfernen. Aus Himbeersirup, Wasser und Tortengusspulver, aber ohne Zucker nach Packungsanleitung einen Guss zubereiten, etwas abkühlen lassen und dann gleichmäßig über die Torte geben. Guss fest werden lassen. Zum Verzieren Sahne steif schlagen, in einen Spritzbeutel mit großer Lochtülle füllen und flache Tupfen auf die Tortenoberfläche spritzen.

Glücksschwein-Torte
Für Kinder – etwas aufwändiger

Für den Rührteig:

350 g Butter

250 g Zucker

1 Pck. Dr. Oetker Vanillin-Zucker

1 Pck. Dr. Oetker Finesse Orangenfrucht

6 Eier (Größe M)

350 g Weizenmehl

50 g Speisestärke

2 gestr. TL Dr. Oetker Backin

3 EL Aprikosenkonfitüre

Zum Garnieren und Verzieren:

400 g Marzipan-Rohmasse

200 g gesiebter Puderzucker

grüne, gelbe und rote Speisefarbe

1 EL Wasser

1 TL Kakaopulver

braune Zuckerschrift

Zubereitungszeit:
60 Minuten, ohne Abkühlzeit
Backzeit: etwa 60 Minuten

Insgesamt:
E: 137 g, F: 472 g, Kh: 949 g,
kJ: 36984, kcal: 8835

1 Für den Teig Butter mit Handrührgerät mit Rührbesen auf höchster Stufe geschmeidig rühren. Nach und nach Zucker, Vanillin-Zucker und Orangenfrucht unterrühren. So lange rühren, bis eine gebundene Masse entstanden ist. Eier nach und nach unterrühren (jedes Ei etwa ½ Minute).

2 Mehl mit Speisestärke und Backin mischen, sieben und in 2 Portionen auf mittlerer Stufe unterrühren. Teig in eine Springform (Ø 26 cm, Boden gefettet) füllen und glatt streichen. Die Form auf dem Rost in den Backofen schieben.

Ober-/Unterhitze: etwa 180 °C (vorgeheizt)
Heißluft: etwa 160 °C (nicht vorgeheizt)
Gas: Stufe 2–3 (nicht vorgeheizt)
Backzeit: etwa 60 Minuten.

3 Den Boden aus der Form lösen, auf einen Kuchenrost stürzen und erkalten lassen. Anschließend Konfitüre durch ein Sieb streichen und den erkalteten Kuchen vollständig damit bestreichen.

4 Zum Garnieren Marzipan-Rohmasse mit 100 g von dem Puderzucker verkneten. Gut die Hälfte des Marzipans dann mit grüner, ein walnussgroßes Stück mit gelber und den Rest mit roter Speisefarbe einfärben.

5 Die Hälfte des grünen Marzipans zu einer Kugel formen, zwischen 2 Lagen Frischhaltefolie zu einer Platte in Größe des Kuchens ausrollen, auf die Kuchenoberfläche legen und leicht andrücken. Das restliche grüne Marzipan zu einer Rolle formen und zwischen zwei Lagen Frischhaltefolie zu einem Streifen ausrollen (Länge = Umfang des Kuchens, Breite = Höhe des Kuchens + 1 cm). Den Streifen aufrollen, an dem Kuchenrand ansetzen und abrollen, dabei leicht andrücken. Den überstehenden Rand mit einer Schere einschneiden, so dass er wie „Rasen" aussieht.

6 Die restlichen 100 g Puderzucker mit Wasser und Kakao zu einer zähen Masse verrühren und als „Matschloch" in die Mitte des Kuchens geben. Aus dem rosafarbenen Marzipan Schweinchen formen, mit Zuckerschrift Augen aufmalen und die Schweinchen auf der Torte verteilen. Aus dem gelben Marzipan und den rosa und grünen Resten kleine Blumen und Rasen formen und die Torte damit garnieren.

Erdbeer-Käfer-Torte Beliebt

Für den Schüttelteig:
150 g Butter
150 g Weizenmehl
3 gestr. TL Dr. Oetker Backin
1 Pck. Dr. Oetker Saucenpulver
  Vanille-Geschmack
100 g Zucker
4 Eier (Größe M)

Für den Belag:
250 g frische oder TK-Erdbeeren
1 EL Zucker
1 Pck. Tortenguss, rot

Für die Mohnsahne:
500 ml (½ l) Schlagsahne
1 Pck. Dr. Oetker Sahnesteif
1 Pck. Dr. Oetker Finesse
  Bourbon-Vanille-Aroma
2 TL Puderzucker
2–3 EL Mohnsamen

Zum Garnieren:
250 g frische Erdbeeren

Zum Verzieren:
50 g Halbbitter-Kuvertüre
fein gehackte Pistazienkerne

Zubereitungszeit:
50 Minuten, ohne Abkühlzeit
Backzeit: etwa 30 Minuten

Insgesamt:
E: 75 g, F: 347 g, Kh: 338 g,
kJ: 20712, kcal: 4948

1 Für den Teig Butter zerlassen und abkühlen lassen. Mehl mit Backin und Saucenpulver mischen, in eine verschließbare Schüssel (3 l) sieben und mit Zucker vermengen. Eier und flüssige Butter hinzufügen. Schüssel mit dem Deckel fest verschließen.

2 Schüssel mehrmals (insgesamt 15–30 Sekunden) kräftig schütteln, so dass alle Zutaten gut vermischt sind. Alles mit einem Schneebesen oder Rührlöffel nochmals sorgfältig durchrühren, damit trockene Zutaten vom Rand mit untergerührt werden. Den Teig in eine Springform (Ø 26 cm, Boden gefettet) füllen und glatt streichen. Die Form auf dem Rost in den Backofen schieben.

Ober-/Unterhitze: etwa 180 °C (vorgeheizt)
Heißluft: etwa 160 °C (vorgeheizt)
Gas: Stufe 2–3 (vorgeheizt)
Backzeit: etwa 30 Minuten.

3 Den Tortenboden aus der Form lösen und auf einem mit Backpapier belegten Kuchenrost erkalten lassen.

4 Für den Belag Erdbeeren waschen, abtropfen lassen, entstielen (TK-Erdbeeren auftauen lassen) und pürieren. Erdbeerpüree in einen Topf geben, gut mit Zucker und Tortengusspulver verrühren und unter Rühren kurz aufkochen lassen. Die Erdbeermasse auf dem Tortenboden verteilen und erkalten lassen.

5 Für die Mohnsahne Sahne mit Sahnesteif, Aroma und Puderzucker steif schlagen. Mohnsamen unterheben. Die Mohnsahne in einen Spritzbeutel mit Lochtülle füllen und Sahnetuffs auf die Erdbeermasse spritzen.

6 Zum Garnieren Erdbeeren waschen, abtropfen lassen und entstielen. Große Erdbeeren halbieren.

7 Zum Verzieren Kuvertüre in kleine Stücke hacken, in einem kleinen Topf im Wasserbad bei schwacher Hitze geschmeidig rühren, in einen Gefrierbeutel füllen und eine kleine Ecke abschneiden. Mit dem Gefrierbeutel „Augen" und „Flügel" auf die Erdbeerhälften spritzen. Diese „Käfer" auf die Sahnetuffs setzen. Sahnetuffs mit Pistazienkernen bestreuen.

Sternschnuppentorte

Gut vorzubereiten – für Kinder

Zum Vorbereiten:

500 ml ($\frac{1}{2}$ l) Schlagsahne
8 Riegel Milky Way® (je 25 g)
100 g Zartbitterschokolade

Für den Biskuitteig:

2 Eier (Größe M)
2 EL heißes Wasser
100 g Zucker
1 Pck. Dr. Oetker Vanillin-Zucker
75 g Weizenmehl
50 g Speisestärke
1 gestr. TL Dr. Oetker Backin

Für den Belag:

1 Dose Pfirsichhälften
 (Abtropfgewicht 470 g)
3-4 EL Nuss-Nougat-Creme
1 Pck. Tortenguss, klar
250 ml ($\frac{1}{4}$ l) Pfirsichsaft
 aus der Dose

Für die Joghurtcreme:

6 Blatt weiße Gelatine
300 g Naturjoghurt
Saft von $\frac{1}{2}$ Zitrone

Außerdem:

2 Pck. Sahnesteif
Kakaopulver
Puderzucker

Zubereitungszeit:
60 Minuten, ohne Kühlzeit
Backzeit: etwa 30 Minuten

Insgesamt:
E: 87 g, F: 266 g, Kh: 653 g,
kJ: 23144, kcal: 5523

1 Zum Vorbereiten Sahne in einem Topf erwärmen. Milky Way®-Riegel und Schokolade grob zerkleinern, dazugeben und unter Rühren darin auflösen. Die Masse in eine Rührschüssel umfüllen und zugedeckt über Nacht kalt stellen.

2 Für den Teig Eier und Wasser mit Handrührgerät mit Rührbesen auf höchster Stufe in 1 Minute schaumig schlagen. Zucker mit Vanillin-Zucker mischen, in 1 Minute einstreuen, dann noch 2 Minuten weiterschlagen. Mehl mit Speisestärke und Backin mischen, auf die Eiercreme sieben und kurz auf niedrigster Stufe unterrühren. Den Teig in eine Springform (Ø 26–28 cm, Boden gefettet, mit Backpapier belegt) füllen und die Form sofort auf dem Rost in den Backofen schieben.

Ober-/Unterhitze: etwa 180 °C (vorgeheizt)
Heißluft: etwa 160 °C (vorgeheizt)
Gas: Stufe 2–3 (vorgeheizt)
Backzeit: etwa 30 Minuten.

3 Den Tortenboden aus der Form lösen, auf einen Kuchenrost stürzen, mitgebackenes Backpapier abziehen und den Boden erkalten lassen. Anschließend den Boden auf eine Tortenplatte legen und einen Tortenring oder den gesäuberten Springformrand darumstellen.

4 Für den Belag Pfirsichhälften in einem Sieb gut abtropfen lassen, Saft dabei auffangen und 250 ml ($\frac{1}{4}$ l) abmessen. Nuss-Nougat-Creme in einem Topf im Wasserbad auflösen und den Tortenboden damit bestreichen. 2 Pfirsichhälften zurücklassen, die restlichen in Spalten schneiden und auf dem Boden verteilen. Aus Tortenguss und dem abgemessenen Pfirsichsaft nach Packungsanleitung einen Guss zubereiten und auf den Pfirsichen verteilen.

5 Für die Joghurtcreme Gelatine nach Packungsanleitung einweichen. Joghurt mit Zitronensaft verrühren. Die zurückgelassenen Pfirsichhälften pürieren und unter den Joghurt rühren. Gelatine leicht ausdrücken und in einem kleinen Topf bei schwacher Hitze auflösen (nicht kochen). 1–2 Esslöffel von der Joghurtmasse unter die aufgelöste Gelatine rühren, dann alles unter die restliche Joghurtmasse rühren. Die Masse auf den Pfirsichen glatt streichen und die Torte etwa 1 Stunde kalt stellen.

6 Die Milky-Way®-Creme vom Vortag mit Sahnesteif steif schlagen, vorsichtig auf die Joghurtmasse geben, glatt streichen und mit einer Gabel verzieren. Die Torte etwa 2 Stunden kalt stellen. Vor dem Servieren die Torte mit Kakaopulver bestäuben, eine selbst ausgeschnittene Sternschablone auflegen, Puderzucker aufstäuben und die Schablone vorsichtig abnehmen.

Gute-Wünsche-Torte | Zum Verschenken

Für den Rührteig:

150 g kandierte Ananasstücke
   (z. B. von Seeberger)
200 g Butter oder Margarine
100 g Zucker
1 Pck. Dr. Oetker Vanillin-Zucker
4 Eier (Größe M)
200 g Weizenmehl
2 gestr. TL Dr. Oetker Backin
1 Pck. (75 g) Schokotröpfchen
   (von Schwartau)

Für den Belag:

40 g Speisestärke
4 EL Milch
2 Eier (Größe M)
400 g Naturjoghurt
120 g weiches Kokosfett
50 g Puderzucker

Zum Verzieren und Garnieren:

rote Zuckerschrift
etwa 28 hauchdünne
   Schokotäfelchen (z.B. hauchfeine
   Täfelchen von Lindt, Edelbitter)
einige kandierte Ananasstücke

1 Für den Rührteig Ananasstücke fein hacken. Butter oder Margarine mit Handrührgerät mit Rührbesen auf höchster Stufe geschmeidig rühren. Nach und nach Zucker und Vanillin-Zucker unterrühren. So lange rühren, bis eine gebundene Masse entstanden ist. Eier nach und nach unterrühren (jedes Ei etwa ½ Minute).

2 Mehl mit Backin mischen, sieben und in 2 Portionen auf mittlerer Stufe unterrühren. Vorbereitete Ananasstücke und Schokotröpfchen ebenfalls kurz unterrühren. Den Teig in eine Springform (Ø 26 cm, Boden gefettet) füllen und glatt streichen. Die Form auf dem Rost in den Backofen schieben.

Ober-/Unterhitze: etwa 180 °C (vorgeheizt)
Heißluft: etwa 160 °C (vorgeheizt)
Gas: Stufe 2–3 (vorgeheizt)
Backzeit: 25–30 Minuten.

3 Den Boden aus der Form lösen, auf einen Kuchenrost legen und darauf erkalten lassen.

4 Für den Belag Speisestärke mit Milch und Eiern in einem Topf verquirlen. Joghurt unterrühren und alles unter Rühren aufkochen lassen. Frischhaltefolie direkt auf den Joghurtpudding legen, damit sich keine Haut bildet und den Pudding erkalten lassen (nicht kalt stellen).

5 Kokosfett und Puderzucker mit Handrührgerät mit Rührbesen schaumig rühren und den abgekühlten Pudding nach und nach unterrühren, dabei darauf achten, dass Pudding und Kokosfett Zimmertemperatur haben.

6 Den Boden auf eine Tortenplatte legen und rundherum mit der Puddingcreme einstreichen. In die Tortenoberfläche mit einem Tortenkamm oder einer Gabel ein spiralförmiges Muster ziehen. Torte kalt stellen und fest werden lassen.

7 Zum Verzieren und Garnieren mit Zuckerschrift gute Wünsche auf etwa 18 Schokotäfelchen schreiben und die Täfelchen rundherum an den Tortenrand drücken. Ananasstücke in Scheiben schneiden, übrige Schokotäfelchen in Stücke brechen und die Torte mit Ananasstücken und Schokostücken garnieren.

Zubereitungszeit:
etwa 1 Stunde,
ohne Abkühlzeit
Backzeit: 25–30 Minuten

Insgesamt:
E: 94 g, F: 386 g, Kh: 605 g,
kJ: 26226, kcal: 6253

Glückspilz-Käsekuchen Beliebt

Für den Knetteig:

150 g Weizenmehl

1 gestr. TL Dr. Oetker Backin

50 g Zucker

1 Pck. Dr. Oetker Vanillin-Zucker

1 Ei (Größe M)

75 g Butter oder Margarine

1 EL Weizenmehl für den Rand

Für den Belag:

1 Glas Sauerkirschen
   (Abtropfgewicht 175 g)

750 g Magerquark, 150 g Zucker

1 Pck. Dr. Oetker Vanillin-Zucker

3 Eigelb (Größe M)

1 Pck. Dr. Oetker Finesse
   Geriebene Zitronenschale

100 ml Schlagsahne

150 ml Milch

1 Pck. Dr. Oetker Pudding-Pulver
   Vanille-Geschmack

3 Eiweiß (Größe M)

Zum Garnieren und Verzieren:

15 g Speisestärke

150 ml Kirschsaft aus dem Glas

1 EL Zucker

150 ml Schlagsahne

Zubereitungszeit:
40 Minuten, ohne Abkühlzeit
Backzeit: etwa 75 Minuten

Insgesamt:
E: 160 g, F: 181 g, Kh: 495 g,
kJ: 17985, kcal: 4292

1 Für den Teig Mehl mit Backin mischen und in eine Rührschüssel sieben. Restliche Zutaten hinzufügen und mit Handrührgerät mit Knethaken zunächst kurz auf niedrigster, dann auf höchster Stufe gut durcharbeiten. Anschließend auf der leicht bemehlten Arbeitsfläche kurz zu einem Teig verkneten. Zwei Drittel des Teiges auf dem Boden einer Springform (Ø 26 cm, gefettet) ausrollen. Springformrand darumstellen. Teigboden mehrfach mit einer Gabel einstechen, die Form auf dem Rost in den Backofen schieben und den Boden hellbraun vorbacken.

Ober-/Unterhitze: etwa 180 °C (vorgeheizt)
Heißluft: etwa 160 °C (vorgeheizt)
Gas: Stufe 2–3 (vorgeheizt)
Backzeit: etwa 15 Minuten.

2 In der Zwischenzeit für den Belag Kirschen in einem Sieb gut abtropfen lassen, Saft dabei auffangen und beiseite stellen. Quark mit Zucker, Vanillin-Zucker, Eigelb, Zitronenschale, Schlagsahne und Milch verrühren und zuletzt Pudding-Pulver unterrühren. Eiweiß sehr steif schlagen und unter die Quarkmasse heben.

3 Unter den restlichen Knetteig 1 Esslöffel Mehl kneten und den Teig zu einer langen Rolle formen. Rolle an den Springformrand des vorgebackenen Bodens legen und zu einem etwa 4 cm hohen Rand andrücken. Kirschen auf dem vorgebackenen Boden verteilen und die Quarkmasse darauf glatt streichen. Die Form wieder in den Backofen schieben und den Kuchen **bei gleicher Backofeneinstellung etwa 60 Minuten fertig backen.**

4 Den Kuchen etwa 15 Minuten im ausgeschalteten Backofen stehen lassen, dann auf einen Kuchenrost stellen und in der Form erkalten lassen. Anschließend den Boden aus der Form lösen.

5 Zum Garnieren Speisestärke mit etwas Kirschsaft verrühren, restlichen Kirschsaft mit Zucker zum Kochen bringen, angerührte Stärke einrühren und aufkochen lassen. Die Masse in Form eines Halbkreises auf die Tortenoberfläche streichen und erkalten lassen. Sahne steif schlagen und in einen Spritzbeutel mit kleiner Lochtülle füllen. Den Halbkreis damit umranden, einen Pilzstiel darunter spritzen und den Halbkreis mit Sahnetupfen verzieren.

Tipp:
Der Käsekuchen kann gut am Vortag zubereitet werden, Fliegenpilz jedoch erst am Serviertag aufspritzen.

Wilhelm-Tell-Torte Raffiniert

Für den Rührteig:

175 g Butter oder Margarine

150 g Zucker

1 Pck. Dr. Oetker Vanillin-Zucker

3 Eier (Größe M)

150 g Weizenmehl

25 g Speisestärke

½ gestr. TL Dr. Oetker Backin

Für die Füllung:

8 Blatt weiße Gelatine

1 l Apfelsaft

100 g Zucker

2 Pck. Dr. Oetker Pudding-Pulver
Vanille-Geschmack

2 Gläser (je 370 g) stückiges
Apfelmus (Apfelkompott)

Zum Verzieren und Garnieren:

400 ml Schlagsahne

30 g Zucker

2 Pck. Dr. Oetker Sahnesteif

50 g Haselnusskrokant

einige Mini-Äpfel
(Kirschäpfel, aus der Dose)

Zubereitungszeit:
70 Minuten, ohne Kühlzeit
Backzeit: etwa 15 Minuten je Boden

Insgesamt:
E: 65 g, F: 301 g, Kh: 796 g,
kJ: 25947, kcal: 6189

1 Für den Teig Butter oder Margarine mit Handrührgerät mit Rührbesen auf höchster Stufe geschmeidig rühren. Nach und nach Zucker und Vanillin-Zucker unterrühren. So lange rühren, bis eine gebundene Masse entstanden ist. Eier nach und nach unterrühren (jedes Ei etwa ½ Minute).

2 Mehl mit Speisestärke und Backin mischen, sieben und portionsweise auf mittlerer Stufe unterrühren.Aus dem Teig nacheinander 3 Böden backen. Dazu jeweils ein Drittel des Teiges auf einen Springformboden (Ø 26 cm, gefettet) streichen und den Springformrand darumlegen. Die Form auf dem Rost in den Backofen schieben.

Ober-/Unterhitze: etwa 180 °C (vorgeheizt)
Heißluft: etwa 160 °C (vorgeheizt)
Gas: Stufe 2–3 (vorgeheizt)
Backzeit: etwa 15 Minuten je Boden.

3 Die Böden nach dem Backen vom Springformrand und -boden lösen und auf einem Kuchenrost erkalten lassen.

4 Für die Füllung Gelatine nach Packungsanleitung einweichen. Aus Apfelsaft, Zucker und Pudding-Pulver nach Packungsanleitung einen Pudding zubereiten. Gelatine ausdrücken und im heißen Pudding unter Rühren auflösen. Apfelmus unterrühren und die Füllung kalt stellen, bis sie beginnt dicklich zu werden.

5 Einen Boden auf eine Tortenplatte legen und einen Tortenring oder den gesäuberten Springformrand darumlegen. Die Hälfte der Puddingmasse auf dem Boden im Springformrand verstreichen. Zweiten Boden auflegen und mit der restlichen Puddingmasse bestreichen. Dritten Boden auflegen und leicht andrücken. Die Torte mindestens 3 Stunden (am besten über Nacht) kalt stellen.

6 Zum Verzieren und Garnieren Tortenring oder Springformrand lösen und entfernen. Sahne mit Zucker und Sahnesteif steif schlagen, den Rand der Torte dünn und die Oberfläche dicker damit bestreichen. Mit einem Löffelstiel Löcher in die Sahne drücken. Die Torte mit etwas Krokant bestreuen und einige Mini-Äpfel auf die Oberfläche legen.

Tipp:
Lassen Sie den Springformboden vor dem nächsten Bestreichen gut abkühlen.
Sie können in der Füllung 250 ml (¼ l) des Apfelsafts durch Weißwein ersetzen.

Valentinstags-Torte Zum Verschenken

Für den Rührteig:
375 g Butter oder Margarine
300 g Zucker
1 Pck. Dr. Oetker Vanillin-Zucker
6 Eier (Größe M)
350 g Weizenmehl
1 Pck. Dr. Oetker Backin
200 g gemahlene Haselnusskerne
100 g Raspelschokolade

Zum Bestreichen:
150 g Aprikosenkonfitüre

Zum Garnieren:
100 g Marzipan-Rohmasse
30 g gesiebter Puderzucker
rote Speisefarbe

Für den Guss:
3 Pck. (je 100 g) Vanille- oder
    Zitronen-Kuchenglasur

1 Für den Teig Butter oder Margarine mit Handrührgerät mit Rührbesen auf höchster Stufe geschmeidig rühren. Nach und nach Zucker und Vanillin-Zucker unterrühren. So lange rühren, bis eine gebundene Masse entstanden ist. Eier nach und nach unterrühren (jedes Ei etwa ½ Minute).

2 Mehl mit Backin mischen, sieben und auf mittlerer Stufe unterrühren. Nusskerne und Raspelschokolade ebenfalls kurz unterrühren. Den Teig gleich hoch in 3 Springformen (Ø 26, 22 und 18 cm, Böden gefettet, mit Backpapier belegt) verteilen und glatt streichen. Die große Form auf dem Rost in den Backofen schieben.

Ober-/Unterhitze: etwa 180 °C (vorgeheizt)
Heißluft: etwa 160 °C (vorgeheizt)
Gas: Stufe 2–3 (vorgeheizt)
Backzeit: etwa 30 Minuten.

3 Die große Form aus dem Backofen nehmen und auf einen Kuchenrost stellen. Die kleinen Formen nebeneinander in den Backofen schieben und **bei gleicher Backofeneinstellung 25–30 Minuten backen.** Alle Böden etwa 10 Minuten in der Form stehen lassen, dann aus der Form lösen, auf Kuchenroste stürzen und erkalten lassen. Anschließend Backpapier abziehen.

4 Zum Bestreichen Konfitüre durch ein Sieb streichen, die Unterseiten des kleinen und mittleren Bodens damit bestreichen und die 3 Böden zu einer Torte zusammensetzen. Zum Garnieren Marzipan mit Puderzucker verkneten und in 3 Teile teilen. Die Teile mit unterschiedlich viel Speisefarbe einfärben, so dass die Teile 3 verschiedene Rottöne haben und jedes Marzipanteil zwischen 2 Lagen Frischhaltefolie ausrollen. Herzen in verschiedenen Größen ausstechen und beiseite legen.

5 Für den Guss Kuchenglasur nach Packungsanleitung auflösen und die Böden mit Hilfe einer Palette oder eines Tafelmessers vollständig damit überziehen. Die Marzipanherzen auf dem noch leicht feuchten Guss üppig auf der Torte verteilen und den Guss fest werden lassen.

Tipp:
Nach Belieben Grüße auf buntes Papier schreiben, auf Stäbchen stecken und die Torte damit garnieren.
Die Torte kann z. B. mit Stäbchenkerzen als Geburtstagstorte oder mit einem Brautpaar als Hochzeitstorte dekoriert werden.

Zubereitungszeit:
50 Minuten, ohne Abkühlzeit
Backzeit: 55–60 Minuten

Insgesamt:
E: 156 g, F: 516 g, Kh: 1283 g,
kJ: 44892, kcal: 10726

Kleeblatt-Torte Für Gäste – mit Alkohol

Für den Biskuitteig:
4 Eier (Größe M)
4 EL heißes Wasser
150 g Zucker
1 Pck. Dr. Oetker Vanillin-Zucker
100 g Weizenmehl
100 g Speisestärke
3 gestr. TL Dr. Oetker Backin

Zum Beträufeln:
3 EL Sherry (medium)

Zum Bestreichen:
5 EL Aprikosenkonfitüre

Für die Marzipandecke:
200 g Marzipan-Rohmasse
75 g gesiebter Puderzucker
grüne Speisefarbe

Für den Guss:
125 g Puderzucker
etwa 2 EL Zitronensaft
grüne Speisefarbe

Zum Garnieren:
bunte Zuckerperlen
Schoko-Marienkäfer

Zubereitungszeit:
45 Minuten, ohne Abkühlzeit
Backzeit: etwa 30 Minuten

Insgesamt:
E: 37 g, F: 72 g, Kh: 691 g,
kJ: 15366 , kcal: 3669

1 Für den Teig Eier und Wasser mit Handrührgerät mit Rührbesen auf höchster Stufe in 1 Minute schaumig schlagen. Zucker und Vanillin-Zucker mischen, in 1 Minute einstreuen, dann noch 2 Minuten weiterschlagen.

2 Mehl mit Speisestärke und Backin mischen. Die Hälfte davon auf die Eiercreme sieben und kurz auf niedrigster Stufe unterrühren. Restliches Mehlgemisch auf die gleiche Weise unterarbeiten. Den Teig in eine Springform (Ø 28 cm, Boden gefettet, mit Backpapier belegt) füllen und glatt streichen. Die Form auf dem Rost in den Backofen schieben.

Ober-/Unterhitze: etwa 180 °C (vorgeheizt)
Heißluft: etwa 160 °C (vorgeheizt)
Gas: Stufe 2–3 (vorgeheizt)
Backzeit: etwa 30 Minuten.

3 Den Boden aus der Form lösen, auf einen mit Backpapier belegten Kuchenrost stürzen und erkalten lassen. Anschließend mitgebackenes Backpapier abziehen und den Boden einmal waagerecht durchschneiden. Eine Kleeblatt-Schablone aus Pappe auf den Boden legen und den Boden danach ausschneiden.

4 Für die Füllung den unteren Boden mit Sherry beträufeln und mit 2 Esslöffeln von der Konfitüre bestreichen. Den oberen Boden darauf legen, leicht andrücken und den Kuchen rundherum mit der restlichen Konfitüre bestreichen.

5 Für die Marzipandecke Marzipan-Rohmasse mit Puderzucker und Speisefarbe verkneten. Marzipan auf einer mit Puderzucker bestäubten Arbeitsfläche zu einer Platte ausrollen, die Kleeblatt-Schablone darauf legen und danach die Decke ausschneiden. Die Decke auf die Torte legen und leicht andrücken.

6 Für den Guss Puderzucker mit Zitronensaft und grüner Speisefarbe zu einer dickflüssigen Masse verrühren. Den Tortenrand damit bestreichen und sofort mit Zuckerstreuseln bestreuen. Nach Belieben mit restlichem Guss Verzierungen auf die Tortenoberfläche spritzen und mit Zuckerperlen bestreuen. Die Torte mit Schoko-Marienkäfern garnieren.

Tipp:
Anstelle von Sherry können Sie für eine alkoholfreie Variante auch Orangensaft verwenden. Zur Verwertung der Bodenreste diese zerbröseln, mit Sherry oder Orangensaft vermengen und die Masse als Füllung auf den unteren Boden streichen, bevor die Konfitüre aufgestrichen wird.

Glücksfeen-Torte | Mit Alkohol

Für den Knetteig:

150 g Weizenmehl

1 Msp. Dr. Oetker Backin

50 g abgezogene,
   gemahlene Mandeln

50 g Zucker

100 g Butter

Für die Füllung:

9 Blatt weiße Gelatine

500 g Dickmilch

100 ml Cassis-Likör

75 g Zucker

1 Pck. Dr. Oetker Vanillin-Zucker

350 ml Schlagsahne

250 g vorbereitete Himbeeren

Für Guss und Verzierung:

3 Blatt weiße oder rote Gelatine

100 ml Himbeersirup

75 ml Wasser

75 ml Cassis-Likör

150 ml Schlagsahne

1 TL Zucker

1 Für den Teig Mehl mit Backin mischen, in eine Rührschüssel sieben, restliche Zutaten hinzufügen und alles mit Handrührgerät mit Knethaken zu einem Teig verarbeiten. Anschließend auf der leicht bemehlten Arbeitsfläche kurz zu einem Teig verkneten. Teig auf dem Boden einer Springform (Ø 26 cm, Boden gefettet) ausrollen, mehrmals mit einer Gabel einstechen, Springformrand darumlegen und die Form auf dem Rost in den Backofen schieben.

Ober-/Unterhitze: etwa 200 °C (vorgeheizt)
Heißluft: etwa 180 °C (vorgeheizt)
Gas: Stufe 3–4 (vorgeheizt)
Backzeit: etwa 15 Minuten.

2 Den Boden sofort nach dem Backen vom Springformboden lösen, aber darauf auf einem Kuchenrost erkalten lassen.

3 Für die Füllung Gelatine nach Packungsanleitung einweichen. Dickmilch mit Cassis, Zucker und Vanillin-Zucker verrühren. Gelatine leicht ausdrücken, in einem Topf bei schwacher Hitze auflösen (nicht kochen) und zunächst mit etwas Dickmilchmasse verrühren, dann unter die restliche Masse rühren.

4 Sobald die Masse beginnt dicklich zu werden, Sahne steif schlagen und mit den Himbeeren unterheben. Tortenboden auf eine Tortenplatte legen und einen Tortenring oder den gesäuberten Springformrand darumlegen. Die Dickmilchcreme einfüllen, glatt streichen und die Torte etwa 1 Stunde kalt stellen.

5 Für den Guss Gelatine einweichen. Sirup mit Wasser und Cassis vermischen, Gelatine auflösen und nach und nach die Flüssigkeit unter Rühren hinzufügen. Die Flüssigkeit vorsichtig auf die Cremeoberfläche geben, die Torte nochmals 1–2 Stunden kalt stellen und die Oberfläche fest werden lassen.

6 Zum Verzieren Tortenring oder Springformrand lösen und entfernen und auf der Oberfläche 12 Stücke markieren. Sahne mit Zucker steif schlagen, in einen Spritzbeutel mit kleiner Lochtülle füllen und auf jedes Tortenstück einen spitzen Feenhut mit etwas Schleier aufspritzen.

Tipp:
Die Torte kann gut am Vortag zubereitet werden.
Anstelle von Cassis-Likör kann auch Himbeersaft verwendet werden.

Zubereitungszeit:
50 Minuten, ohne Kühlzeit
Backzeit: etwa 15 Minuten

Insgesamt:
E: 78 g, F: 291 g, Kh: 422 g,
kJ: 20754, kcal: 4958

Happy-Birthday-Torte Zum Verschenken

Für den runden Boden:
- 175 g Weizenmehl
- 3 gestr. TL Dr. Oetker Backin
- 175 g Zucker
- 3 Eier (Größe M)
- 50 ml Orangensaft
  oder Cointreau (Orangenlikör)
- 175 g Butter oder Margarine

Für den eckigen Boden:
- 125 g Weizenmehl
- 20 g Kakaopulver
- 2 gestr. TL Dr. Oetker Backin
- 125 g Zucker
- 2 Eier (Größe M)
- 50 ml Kirschsaft
  oder Cola-Getränk
  oder Kirschwasser
- 150 g Butter oder Margarine

Zum Füllen:
- 200 g Nuss-Nougat
- 125 g Kirschkonfitüre

Für Guss und Verzierung:
- 300 g Vollmilch-Kuvertüre
- 2 EL Speiseöl
- 50 g weiße Kuvertüre

1 Für den runden Boden Mehl mit Backin mischen und in eine Rührschüssel sieben. Restliche Zutaten hinzufügen und alles mit Handrührgerät mit Rührbesen auf höchster Stufe in etwa 2 Minuten zu einem Teig verarbeiten. Den Teig in eine Springform (Ø 26 cm, Boden gefettet) füllen, glatt streichen und die Form auf dem Rost in den Backofen schieben.

Ober-/Unterhitze: etwa 180–200 °C (vorgeheizt)
Heißluft: etwa 160–180 °C (vorgeheizt)
Gas: etwa Stufe 3 (vorgeheizt)
Backzeit: 25–30 Minuten.

2 Den Boden aus der Form lösen, auf einen Kuchenrost stürzen und erkalten lassen. Anschließend einmal waagerecht durchschneiden.

3 Den eckigen Boden ebenso zubereiten. Ein Backblech mit Backpapier belegen. Einen Backrahmen (20 x 30 cm) darauf stellen und den Teig darin gleichmäßig glatt streichen. Das Backblech in den Backofen schieben und **bei gleicher Backofeneinstellung in 15–20 Minuten backen.**

4 Den Backrahmen vorsichtig lösen, die Kuchenplatte auf einen Kuchenrost stürzen und erkalten lassen. Anschließend das Backpapier abziehen und die Kuchenplatte senkrecht halbieren, so dass zwei Hälften (je 20 x 15 cm) entstehen.

5 Zum Füllen Nougat in einem kleinen Topf im Wasserbad bei schwacher Hitze geschmeidig rühren und auf den unteren runden Boden streichen. Den oberen runden Boden darauf legen und gut andrücken. Eine rechteckige Kuchenhälfte mit der Konfitüre bestreichen, mit der anderen Kuchenhälfte bedecken und gut andrücken.

6 Für den Guss Vollmilch-Kuvertüre hacken, mit Öl in einem Topf im Wasserbad bei schwacher Hitze geschmeidig rühren und beide Kuchen überziehen. Wenn die Kuvertüre fast fest geworden ist, die Kuchen aufeinander setzen.

7 Zum Verzieren weiße Kuvertüre ebenfalls auflösen, in ein Papiertütchen oder einen Gefrierbeutel füllen und eine kleine Ecke abschneiden. Die eckige Torte damit umranden und die Oberfläche beschriften. Verzierung fest werden lassen und die Torte bis zum Servieren in Alufolie verpackt lagern.

Zubereitungszeit:
50 Minuten, ohne Kühlzeit
Backzeit: etwa 45 Minuten

Insgesamt:
E: 103 g, F: 476 g, Kh: 961 g,
kJ: 35961, kcal: 8604

Tipp:
Nach Belieben Marzipan-Rohmasse mit etwas gesiebtem Puderzucker verkneten, mit verschiedenen Speisefarben einfärben, Figuren daraus formen und die Torte damit garnieren (Foto).

Kuchen vom Blech

Glücksbotenpost | Zum Verschenken

Für den Schüttelteig:
- 125 g Butter oder Margarine
- 200 g Weizenmehl
- 50 g Speisestärke
- 3 gestr. TL Dr. Oetker Backin
- 150 g Zucker
- 3 Eier (Größe M)
- 150 ml Orangensaft

Für den Belag:
- 6 Blatt weiße Gelatine
- 500 g Magerquark
- 100 g Zucker
- 100 ml Orangensaft
- 1 Pck. Dr. Oetker Finesse Orangenfrucht
- 500 ml (½ l) Schlagsahne

Zum Verzieren und Garnieren:
- 50 g Halbbitter-Kuvertüre
- nach Belieben einige Schoko-Dekor-Herzen
- Zuckerkonfetti

1 Für den Teig Butter oder Margarine zerlassen und abkühlen lassen. Mehl mit Speisestärke und Backin mischen, in eine verschließbare Schüssel (etwa 3 l) sieben und mit Zucker mischen. Eier, Orangensaft und flüssige Butter oder Margarine hinzufügen und die Schüssel mit dem Deckel fest verschließen. Schüssel mehrmals kräftig schütteln (insgesamt 15–30 Sekunden), so dass alle Zutaten gut vermischt sind.

2 Alles mit einem Schneebesen oder Rührlöffel nochmals sorgfältig durchrühren, damit trockene Zutaten vom Rand mit untergerührt werden. Einen Backrahmen (30 x 25 cm) auf ein mit Backpapier belegtes Backblech stellen. Teig einfüllen, glatt streichen und das Backblech in den Backofen schieben.

Ober-/Unterhitze: etwa 200 °C (vorgeheizt)
Heißluft: etwa 180 °C (vorgeheizt)
Gas: Stufe 3–4 (vorgeheizt)
Backzeit: etwa 20 Minuten.

3 Den Boden auf dem Backblech auf einem Kuchenrost erkalten lassen. Anschließend den Boden aus dem Backrahmen lösen und einen 10 cm breiten Streifen abschneiden, so dass ein Rechteck (25 x 20 cm) entsteht. Den Streifen so halbieren, dass 2 Stücke von 10 x 12,5 cm entstehen.

4 Für den Belag Gelatine nach Packungsanleitung einweichen. Quark mit Zucker, Orangensaft und Orangenfrucht in einer Schüssel verrühren. Gelatine leicht ausdrücken, in einem Topf bei schwacher Hitze auflösen (nicht kochen) und zunächst mit etwas von der Quarkcreme verrühren, dann unter die restliche Quarkcreme rühren. Sobald die Masse beginnt dicklich zu werden, Sahne steif schlagen und unterheben.

5 Den großen Boden auf eine Platte legen und mit zwei Dritteln der Creme bestreichen, dabei die Ränder mit bestreichen. Die Torte kalt stellen und fest werden lassen. Die beiden kleinen Stücke auf Backpapier mit etwas Creme aneinanderkleben, so dass ein Rechteck (12,5 x 20 cm) entsteht, Oberfläche und Rand dünn mit der restlichen Creme bestreichen und ebenfalls kalt stellen.

6 Zum Verzieren und Garnieren Kuvertüre in Stücke hacken, in einem kleinen Topf im Wasserbad bei schwacher Hitze geschmeidig rühren und in einen

Zubereitungszeit:
50 Minuten, ohne Kühlzeit
Backzeit: etwa 20 Minuten

Insgesamt:
E: 136 g, F: 302 g, Kh: 523 g,
kJ: 22488, kcal: 5373

(Fortsetzung Seite 32)

Gefrierbeutel geben. Eine kleine Ecke abschneiden und die Umrisse eines großen Briefumschlages auf das große Rechteck spritzen. Das kleine Rechteck hineinlegen und eine kurze Nachricht darauf schreiben. Nach Belieben den „Brief" mit Schoko-Herzen und Zuckerkonfetti garnieren.

Schatzkarte Für Kinder

Für den Belag:
2 Pck. Garant Grieß-Pudding-Pulver
750 ml (¾ l) Milch
250 g Speisequark

Für den Rührteig:
100 g Butter oder Margarine
100 g Zucker
1 Pck. Dr. Oetker Vanillin-Zucker
3–4 Tropfen Butter-Vanille-Aroma
1 Prise Salz
2 Eier (Größe M)
200 g Weizenmehl
2 gestr. TL Dr. Oetker Backin

Für den Guss:
2 Pck. Tortenguss, klar
500 ml (½ l) Apfelsaft

150 g Nuss-Nougat-Creme
(Zimmertemperatur)

1 Für den Belag aus Pudding-Pulver und Milch nach Packungsanleitung, aber mit nur 750 ml Milch, einen Pudding zubereiten und leicht abkühlen lassen. Dann den Quark unterrühren.

2 Für den Teig Butter oder Margarine mit Handrührgerät mit Rührbesen auf höchster Stufe geschmeidig rühren. Nach und nach Zucker, Vanillin-Zucker, Butter-Vanille-Aroma und Salz unterrühren. So lange rühren, bis eine gebundene Masse entstanden ist. Eier nach und nach unterrühren (jedes Ei etwa ½ Minute).

3 Mehl mit Backin mischen, sieben und in zwei Portionen auf mittlerer Stufe unterrühren. Teig auf ein Backblech (30 x 40 cm, gefettet) streichen und den Belag gleichmäßig darauf streichen. Das Backblech in den Backofen schieben.

Ober-/Unterhitze: etwa 180 °C (vorgeheizt)
Heißluft: etwa 160 °C (vorgeheizt)
Gas: Stufe 2–3 (vorgeheizt)
Backzeit: 25–30 Minuten.

4 Das Gebäck auf dem Backblech auf einem Kuchenrost erkalten lassen.

5 Für den Guss aus Tortenguss und Apfelsaft nach Packungsanleitung, aber ohne Zucker, einen Guss zubereiten, gleichmäßig auf dem Kuchen verteilen und erkalten lassen. Nuss-Nougat-Creme in ein Papiertütchen füllen, eine kleine Spitze abschneiden und die Gebäckoberfläche damit als Schatzkarte verzieren.

Zubereitungszeit:
30 Minuten, ohne Kühlzeit
Backzeit: 25–30 Minuten

Insgesamt:
E: 121 g, F: 180 g, Kh: 523 g,
kJ: 18174, kcal: 4341

Tipp:
Nach Belieben Nusskerne oder etwas Obst in Spalten als „Schatz" einbacken.
Der Belag kann auch mit 2 Päckchen Pudding-Pulver Vanille-Geschmack anstelle des Grieß-Pudding-Pulvers zubereitet werden. Dann zusätzlich 60 g Zucker hinzufügen.

Amor-Torte Fruchtig

Für den All-in-Teig:
200 g Weizenmehl
4 gestr. TL Dr. Oetker Backin
200 g Zucker
4 Eier (Größe M)
200 g Butter oder Margarine

Für den Belag:
1 Ei (Größe M)
50 g abgezogene, gehobelte
  Mandeln
25 g Zucker

Für die Füllung:
1 Beutel aus 1 Pck. Götterspeise
  Himbeer-Geschmack
200 ml Wasser
250 g Himbeeren (frisch oder TK)
300 g Doppelrahm-Frischkäse
125 g Zucker
400 ml Schlagsahne

Zum Verzieren und Bestäuben:
25 g Halbbitter-Kuvertüre
Puderzucker

Zubereitungszeit:
45 Minuten, ohne Kühlzeit
Backzeit: 35 Minuten

Insgesamt:
E: 130 g, F: 457 g, Kh: 555 g,
kJ: 28733, kcal: 6860

1 Für den Teig Mehl und Backin mischen, in eine Schüssel sieben und restliche Zutaten hinzufügen. Die Zutaten mit Handrührgerät mit Rührbesen in etwa 2 Minuten zu einem glatten Teig verarbeiten. Einen Backrahmen (26 x 26 cm) auf ein mit Backpapier belegtes Backblech stellen, den Teig einfüllen und glatt streichen. Für den Belag das Ei verschlagen, Teig damit bestreichen und mit Mandeln und Zucker bestreuen. Das Backblech in den Backofen schieben.

Ober-/Unterhitze: etwa 180 °C (vorgeheizt)
Heißluft: etwa 160 °C (vorgeheizt)
Gas: Stufe 2–3 (vorgeheizt)
Backzeit: etwa 35 Minuten.

2 Boden mit Backblech auf einen Kuchenrost stellen und darauf erkalten lassen. Anschließend den Boden aus dem Backrahmen lösen, einmal waagerecht durchschneiden und den gesäuberten Backrahmen um den unteren Boden stellen.

3 Für die Füllung Götterspeise mit Wasser anrühren und 5 Minuten zum Quellen stehen lassen. Himbeeren verlesen oder auftauen lassen, Frischkäse in einer Rührschüssel glatt rühren. Götterspeise mit dem Zucker nach Packungsanleitung auflösen, nach und nach unter den Frischkäse rühren und kalt stellen.

4 Sobald die Masse beginnt dicklich zu werden, Sahne steif schlagen und unter die Frischkäsemasse heben. 2–3 Esslöffel von der Creme in einen Spritzbeutel mit Sterntülle füllen und beiseite legen. Unter die restliche Creme die Himbeeren heben und auf dem Boden im Backrahmen glatt streichen.

5 Aus dem oberen Boden ein Herz (Ø etwa 12 cm) ausschneiden und beiseite legen. Gebäckplatte auf die Creme legen und etwas andrücken. Mit der Creme aus dem Spritzbeutel das Herz ausfüllen und die Torte 2 Stunden kalt stellen.

6 Zum Garnieren und Verzieren Kuvertüre hacken und in einem kleinen Topf im Wasserbad bei schwacher Hitze geschmeidig rühren. Flüssige Kuvertüre in einen kleinen Gefrierbeutel geben, eine kleine Ecke abschneiden und einen großen dicken Pfeil auf Backpapier spritzen. Den Pfeil fest werden lassen.

7 Vor dem Servieren die Torte aus dem Backrahmen lösen, das ausgeschnittene Herz dick mit Puderzucker bestäuben, leicht überlappend auf das Cremeherz legen und den Pfeil anlegen.

Tipp:
Probieren Sie die Torte mit anderen Götterspeisesorten und der passenden Frucht.

Siegertreppchen

Für den Rührteig:

8 Eiweiß (Größe M)

300 g Marzipan-Rohmasse

75 g Butter oder Margarine

75 g Zucker

1 Pck. Dr. Oetker Finesse
   Bourbon-Vanille-Aroma

8 Eigelb (Größe M)

75 g Weizenmehl

75 g Speisestärke

1 TL Dr. Oetker Backin

3 EL Raspelschokolade

Zum Bestreichen:

100 g Aprikosenkonfitüre

Für die Amaretto-Sahne:

3 Blatt weiße Gelatine

600 ml Schlagsahne

2 EL Amaretto-Likör

2 Pck. Instant-Eiskaffee-Pulver

Zum Verzieren und Garnieren:

½ gestr. TL Kakaopulver

Metallic-Zuckerperlen

50–60 kleine Golddukaten-
   Kaubonbons

Zubereitungszeit:
50 Minuten, ohne Kühlzeit
Backzeit: etwa 30 Minuten

Insgesamt:
E: 126 g, F: 408 g, Kh: 473 g,
kJ: 26490, kcal: 6329

1 Für den Teig Eiweiß steif schlagen und beiseite stellen. Marzipan in feine Würfel schneiden und in eine Rührschüssel geben. Butter oder Margarine, Zucker und Aroma hinzufügen und alles mit Handrührgerät mit Rührbesen auf höchster Stufe geschmeidig rühren.

2 Eigelb nach und nach unterrühren. Mehl mit Speisestärke und Backin mischen, sieben und auf mittlerer Stufe unterrühren. Zuletzt Eischnee unterheben. Den Teig auf ein Backblech (30 x 40 cm, gefettet, mit Backpapier belegt) streichen und mit Raspelschokolade bestreuen. Das Backblech in den Backofen schieben.

Ober-/Unterhitze: etwa 180 °C (vorgeheizt)
Heißluft: etwa 160 °C (vorgeheizt)
Gas: Stufe 2–3 (vorgeheizt)
Backzeit: etwa 30 Minuten.

3 Das Gebäck auf einen mit Backpapier belegten Kuchenrost stürzen, mitgebackenes Backpapier vorsichtig abziehen und das Gebäck erkalten lassen.

4 Zum Bestreichen das Gebäck senkrecht in zwei Streifen von 15 x 40 cm halbieren. Einen der Streifen in zwei Teile von 15 x 14 cm und 15 x 26 cm schneiden. Den großen Streifen zu zwei Dritteln mit Aprikosenkonfitüre bestreichen und den mittelgroßen Streifen so darauf legen, dass er links mit dem Rand des unteren Streifens abschließt. Die rechte Hälfte der Stufe mit Konfitüre bestreichen und den kleinen Streifen genau in die Mitte der Treppe legen.

5 Für die Amaretto-Sahne Gelatine nach Packungsanleitung einweichen. Sahne steif schlagen. Gelatine ausdrücken, bei schwacher Hitze auflösen (nicht kochen), mit Likör verrühren und unter die Sahne rühren. Zuletzt Eiskaffee-Pulver unterrühren. 3–4 Esslöffel Amaretto-Sahne abnehmen, beiseite stellen und mit der restlichen Sahne das Siegertreppchen rundherum bestreichen.

6 Zum Verzieren die Hälfte der beiseite gestellten Sahne mit Kakao verrühren. Die helle Hälfte der Sahne in einen Spritzbeutel mit kleiner Lochtülle füllen und den Rand des Treppchens damit verzieren. Die dunkle Sahne ebenfalls in einen Spritzbeutel mit kleiner Lochtülle füllen und Zahlen auf die Treppenoberflächen spritzen. Torte etwa 1 Stunde kalt stellen.

7 Vor dem Servieren das Siegertreppchen nach Belieben mit Zuckerperlen und Golddukaten garnieren.

Rosarote-Brille-Torte | Einfach

Für den Schüttelteig:

150 g Butter oder Margarine

250 g Äpfel (etwa 2 Stück)

200 g Weizenmehl

2 gestr. TL Dr. Oetker Backin

100 g Zucker

1 Pck. Dr. Oetker Vanillin-Zucker

1 Pck. Dr. Oetker Finesse
   Geriebene Zitronenschale

3 Eier (Größe M)

75 ml Apfelsaft

Für den Belag:

6 Blatt weiße Gelatine

400 g Schmand

60 g Zucker

etwas gemahlener Zimt

300 ml Schlagsahne

Zum Garnieren und Verzieren:

1 Blatt rote Gelatine

200 ml Schlagsahne

1 TL Zucker

25 g weiße Schokolade

Zubereitungszeit:
45 Minuten, ohne Kühlzeit
Backzeit: etwa 30 Minuten

Insgesamt:
E: 81 g, F: 396 g, Kh: 403 g,
kJ: 23017, kcal: 5496

1 Für den Teig Butter oder Margarine zerlassen und abkühlen lassen. Äpfel schälen, vierteln, entkernen und in feine Stücke schneiden. Mehl mit Backin mischen, in eine verschließbare Schüssel (etwa 3 l) sieben und mit Zucker, Vanillin-Zucker und Zitronenschale mischen. Eier, Apfelsaft, flüssige Butter oder Margarine und Apfelstücke hinzufügen und die Schüssel mit dem Deckel fest verschließen.

2 Schüssel mehrmals kräftig schütteln (insgesamt 15–30 Sekunden), so dass alle Zutaten gut vermischt sind. Alles mit einem Schneebesen oder Rührlöffel nochmals sorgfältig durchrühren, damit trockene Zutaten vom Rand mit untergerührt werden. Einen Backrahmen (25 x 25 cm) auf ein Backblech (gefettet, gemehlt) stellen, Teig einfüllen und glatt streichen. Das Backblech in den Backofen schieben.

Ober-/Unterhitze: etwa 180 °C (vorgeheizt)
Heißluft: etwa 160 °C (vorgeheizt)
Gas: Stufe 2–3 (vorgeheizt)
Backzeit: etwa 30 Minuten.

3 Das Gebäck im Backrahmen auf dem Backblech auf einem Kuchenrost erkalten lassen.

4 Für den Belag Gelatine nach Packungsanleitung einweichen. Schmand mit Zucker und Zimt verrühren. Gelatine ausdrücken, in einem Topf bei schwacher Hitze auflösen (nicht kochen) und zunächst mit etwas Schmandmasse verrühren, dann unter die restliche Schmandmasse rühren. Sobald die Masse beginnt dicklich zu werden, Sahne steif schlagen und unterheben. Boden mit Backrahmen vom Backblech auf eine Tortenplatte ziehen, Schmandmasse einfüllen, glatt streichen und den Kuchen etwa 2 Stunden kalt stellen.

5 Zum Garnieren und Verzieren Gelatine einweichen, anschließend ausdrücken und auflösen. Sahne mit Zucker steif schlagen und die warme, flüssige Gelatine gegen Ende unterschlagen. Sahne in einen Spritzbeutel mit großer Lochtülle füllen und eine große Brille diagonal auf die Torte sowie Tupfen an den Rand spritzen. Torte nochmals etwa 30 Minuten kalt stellen, dann Backrahmen lösen und entfernen. Weiße Schokolade auf einer Reibe oder mit einem Kartoffelschäler schaben und auf dem Rand der Tortenoberfläche verteilen.

Tipp:
Anstelle von Schmand können Sie auch Crème fraîche verwenden.

Wunderlampe | Fruchtig

Für den Hefeteig:
400 g Weizenmehl
1 Pck. Dr. Oetker Trockenbackhefe
50 g Zucker
100 g Butter oder Margarine
1 Becher (150 g) Crème fraîche
125 ml (⅛ l) lauwarme Milch

Für die Füllung:
100 g getrocknete Soft-Aprikosen
100 g getrocknete Soft-Feigen
1 Pck. Backfeste Puddingcreme
300 ml Milch
250 g Magerquark
1–2 EL Honig
25 g gehackte Pistazienkerne

Zum Bestreichen:
1 Eigelb (Größe M)
1 EL Milch

Für den Guss:
125 g Puderzucker
2 EL Zitronensaft

1 Für den Teig Mehl in eine Rührschüssel sieben und mit Trockenbackhefe sorgfältig vermischen. Zucker, Butter oder Margarine, Crème fraîche und Milch hinzufügen. Die Zutaten mit Handrührgerät mit Knethaken zunächst auf niedrigster, dann auf höchster Stufe in etwa 5 Minuten zu einem glatten Teig verarbeiten. Den Teig zugedeckt so lange an einem warmen Ort stehen lassen, bis er sich sichtbar vergrößert hat.

2 Anschließend den Teig nochmals kurz durchkneten und gut die Hälfte des Teiges auf Backpapier ausrollen. Eine Schablone aus Papier oder Pappe etwa in Länge des Backblechs anfertigen und danach eine Wunderlampe aus dem Teig ausschneiden. Teigreste mit dem restlichen Teig verkneten und das Backpapier mit dem ausgeschnittenen Teig auf ein Backblech ziehen.

3 Für die Füllung Aprikosen und Feigen in feine Würfel schneiden. Puddingcreme nach Packungsanleitung, aber mit der hier angegebenen Menge Milch zubereiten, Quark und Honig unterrühren und auf die Wunderlampe streichen, dabei rundherum ½ cm Teig frei lassen.

4 Aprikosen, Feigen und Pistazien auf die Quarkmasse streuen. Restlichen Teig ausrollen, Schablone auflegen und den Teig etwa 1 cm größer als die Schablone ausschneiden. Restlichen Teig verkneten und beiseite legen. Eigelb mit Milch verquirlen, den frei gelassenen Teigrand auf dem Backblech rundherum bestreichen, die Teigdecke auflegen, am Rand andrücken und vollständig mit Eigelbmilch bestreichen.

5 Aus den Teigresten lange Kordeln rollen und Kügelchen formen, die Wunderlampe damit garnieren und ebenfalls mit Eigelbmilch bestreichen. Den Teig nochmals gehen lassen, bis er sich sichtbar vergrößert hat und anschließend das Backblech in den Backofen schieben.

Ober-/Unterhitze: etwa 200 °C (vorgeheizt)
Heißluft: etwa 180 °C (vorgeheizt)
Gas: Stufe 3–4 (vorgeheizt)
Backzeit: etwa 25 Minuten.

6 Für den Guss Puderzucker mit Zitronensaft verrühren und die Wunderlampe sofort nach dem Backen damit bestreichen. Das Gebäck erkalten lassen.

Zubereitungszeit:
45 Minuten, ohne Teiggehzeit
Backzeit: etwa 25 Minuten

Insgesamt:
E: 117 g, F: 171 g, Kh: 677 g,
kJ: 19869, kcal: 4747

Tipp:
Die Wunderlampe schmeckt frisch am besten.

Lotto-Torte | Zum Verschenken – mit Alkohol

Für den All-in-Teig:

100 g Weizenmehl
2 gestr. TL Dr. Oetker Backin
100 g Zucker
1 Pck. Dr. Oetker Vanillin-Zucker
3 Eier (Größe M)
100 g Butter oder Margarine

Für den Belag:

2 Gläser Stachelbeeren
(Abtropfgewicht je 390 g)
2 Pck. Tortenguss, klar
500 ml ($\frac{1}{2}$ l) Stachelbeersaft
3 Blatt weiße Gelatine
600 ml Schlagsahne
2 Pck. Dr. Oetker Vanillin-Zucker

Für Marzipandecke und Guss:

200 g Marzipan-Rohmasse
75 g gesiebter Puderzucker
1 EL Amaretto-Likör
2 Blatt weiße Gelatine
250 ml ($\frac{1}{4}$ l) Schlagsahne
200 g weiße Kuvertüre

Zum Verzieren und Garnieren:

50 g Halbbitter-Kuvertüre
rote Zuckerschrift
7-8 Kokos-Konfektkugeln

Zubereitungszeit:
60 Minuten, ohne Kühlzeit
Backzeit: etwa 20 Minuten

Insgesamt:
E: 112 g, F: 523 g, Kh: 763 g,
kJ: 35463, kcal: 8477

1 Für den Teig Mehl und Backin mischen und in eine Rührschüssel sieben. Restliche Zutaten hinzufügen und mit Handrührgerät mit Rührbesen zuerst kurz auf niedrigster, dann auf höchster Stufe in etwa 2 Minuten zu einem Teig verrühren. Einen Backrahmen (24 x 28 cm) auf ein mit Backpapier belegtes Backblech stellen, den Teig einfüllen und glatt streichen. Das Backblech in den Backofen schieben.

Ober-/Unterhitze: etwa 180 °C (vorgeheizt)
Heißluft: etwa 160 °C (vorgeheizt)
Gas: Stufe 2–3 (vorgeheizt)
Backzeit: etwa 20 Minuten.

2 Den Backrahmen entfernen, Boden mit Backpapier auf einen Kuchenrost ziehen und erkalten lassen. Anschließend Backpapier abziehen, Boden auf eine Kuchenplatte legen und den Backrahmen darumstellen.

3 Für den Belag Stachelbeeren in ein Sieb geben und abtropfen lassen, Saft dabei auffangen. Tortenguss nach Packungsanleitung, aber ohne Zucker und mit 500 ml ($\frac{1}{2}$ l) Stachelbeersaft zubereiten. Abgetropfte Stachelbeeren unter den Tortenguss heben, auf dem Boden verteilen, glatt streichen und kalt stellen. Gelatine nach Packungsanleitung einweichen. Sahne mit Vanillin-Zucker steif schlagen. Gelatine ausdrücken, auflösen und unterschlagen. Sahne auf die Stachelbeermasse geben, glatt streichen und die Torte wieder kalt stellen.

4 Für die Marzipandecke Marzipan-Rohmasse mit Puderzucker und Likör verkneten, zu einer Platte (24 x 28 cm) ausrollen und die Marzipandecke auf die Torte legen. Für den Guss Gelatine nach Packungsanleitung einweichen. Die Hälfte der Sahne in einem Topf erwärmen. Kuvertüre fein hacken und unter Rühren darin auflösen. Topf von der Kochstelle nehmen, Gelatine ausdrücken, in die warme Masse geben und unter Rühren auflösen. Die andere Hälfte der Sahne dazugießen und verrühren. Die fast erkaltete Masse auf die Marzipanplatte geben und glatt streichen. Torte 1–2 Stunden kalt stellen.

5 Backrahmen lösen und entfernen. Zum Verzieren Kuvertüre in einem kleinen Topf im Wasserbad bei schwacher Hitze geschmeidig rühren, in einen Gefrierbeutel oder ein Papiertütchen geben, eine kleine Ecke abschneiden und einen Lotto-Schein mit Zahlen auf die Torte spritzen. Mit Zuckerschrift Torte und Kokos-Konfektkugeln verzieren und diese auf die Torte legen.

Tipp:
Anstelle von Stachelbeeren schmecken auch Kirschen (Abtropfgewicht je 370 g).

Wolke-7-Torte | Für Verliebte

Für den Brandteig:
200 ml Wasser
40 g Butter
100 g Weizenmehl
35 g Speisestärke
3-4 Eier (Größe M)
1 Msp. Dr. Oetker Backin

Für die Füllung:
8 Blatt weiße Gelatine
500 g Naturjoghurt
75 g Zucker
1 Pck. Dr. Oetker Finesse
   Geriebene Zitronenschale
400 ml Schlagsahne
300 g vorbereitete gemischte
   Beerenfrüchte
   (z. B. Himbeeren, Brombeeren
   oder Heidelbeeren)

Zum Bestäuben:
Puderzucker

Zubereitungszeit:
50 Minuten
Backzeit: 15–20 Minuten

Insgesamt:
E: 81 g, F: 203 g, Kh: 237 g,
kJ: 13105, kcal: 3129

1 Für den Teig Wasser mit Butter am besten in einem Stieltopf zum Kochen bringen. Mehl mit Speisestärke mischen, sieben, auf einmal in die von der Kochstelle genommene Flüssigkeit schütten, zu einem glatten Kloß rühren und unter Rühren etwa 1 Minute erhitzen. Den heißen Kloß sofort in eine Schüssel geben. Nach und nach Eier mit Handrührgerät mit Knethaken auf höchster Stufe unterarbeiten. Der Teig muss stark glänzen und so vom Löffel abreißen, dass lange Spitzen hängen bleiben. Backin unter den erkalteten Teig arbeiten.

2 Vom Teig 3 Esslöffel abnehmen, in einen Spritzbeutel mit Lochtülle füllen und beiseite legen. Aus dem restlichen Teig 2 Wolken backen, dazu die Wolken auf zwei Bögen Backpapier vorzeichnen (etwa 35 x 25 cm), damit sie ungefähr die gleiche Form haben. Die Backpapierbögen auf gefettete Backbleche legen und jeweils die Hälfte des Teiges in der aufgezeichneten Wolke auf dem Backpapier flächig verstreichen. Mit dem Teig aus dem Spritzbeutel die Zahl „7" und einige kleine Herzen mit an den Rand auf das Backpapier spritzen. Die Backbleche nacheinander (bei Heißluft zusammen) in den Backofen schieben.

Ober-/Unterhitze: etwa 200 °C (vorgeheizt)
Heißluft: etwa 180 °C (vorgeheizt)
Gas: Stufe 3–4 (vorgeheizt)
Backzeit: 15–20 Minuten (Zahl und Herzen evtl. etwas früher herausnehmen).

3 Die Wolkenböden mit dem Backpapier auf Kuchenroste ziehen und erkalten lassen, Zahl und Herzen ebenfalls erkalten lassen.

4 Für die Füllung Gelatine nach Packungsanleitung einweichen, Joghurt mit Zucker und Zitronenschale verrühren. Gelatine ausdrücken, in einem Topf bei schwacher Hitze auflösen (nicht kochen) und mit etwas von der Joghurtmasse verrühren, dann unter die restliche Joghurtmasse rühren. Sobald die Masse beginnt dicklich zu werden, Sahne steif schlagen und unterheben.

5 Eine Brandteigwolke auf eine Platte legen, zwei Drittel der Joghurtcreme locker darauf verstreichen, Beerenfrüchte aufstreuen, dabei einige Beeren zum Garnieren beiseite stellen. Zweite Brandteigwolke auflegen, leicht andrücken und die restliche Creme locker aufstreichen. Zahl und Herzen mit Puderzucker bestäuben und mit den beiseite gestellten Beeren auf der Oberfläche verteilen. Torte kalt stellen.

Tipp:
Torte schmeckt frisch am besten; nach längerer Stehzeit wird der Brandteig weich.

Glücksschwein | Für Kinder

Für den All-in-Teig:

150 g Weizenmehl

3 gestr. TL Dr. Oetker Backin

150 g gemahlene Haselnusskerne

225 g Zucker

1 Pck. Dr. Oetker Vanillin-Zucker

5 Eier (Größe M)

225 g Butter oder Margarine

Für die Füllung:

1 Dose Pfirsichhälften
   (Abtropfgewicht 480 g)

200 ml Pfirsichsaft aus der Dose

9 Blatt weiße Gelatine

500 g Magerquark

100 g Zucker

400 ml Schlagsahne

Zum Garnieren und Verzieren:

2 EL Puderzucker

evtl. etwas rote Speisefarbe

braune Zuckerschrift

Zubereitungszeit:
50 Minuten, ohne Kühlzeit
Backzeit : etwa 20 Minuten

Insgesamt:
E: 167 g, F: 442 g, Kh: 625 g,
kJ: 29986, kcal: 7158

1 Für den Teig Mehl mit Backin mischen und in eine Rührschüssel sieben. Restliche Zutaten hinzufügen und alles mit Handrührgerät mit Rührbesen auf höchster Stufe in 2 Minuten zu einem glatten Teig verarbeiten. Teig auf ein mit Backpapier belegtes Backblech (30 x 40 cm) geben, glatt streichen und das Backblech in den Backofen schieben.

Ober-/Unterhitze: etwa 180 °C (vorgeheizt)
Heißluft: etwa 160 °C (vorgeheizt)
Gas: Stufe 2–3 (vorgeheizt)
Backzeit: etwa 20 Minuten.

2 Das Gebäck auf dem Backblech auf einen Kuchenrost stellen und erkalten lassen. Anschließend Backpapier entfernen und ein möglichst großes Schwein (großer ovaler Kreis mit einer halbrunden Ausbuchtung als Kopf) aus dem Gebäck schneiden. Restliches Gebäck fein zerbröseln. Das Schwein auf eine Tortenplatte legen.

3 Für die Füllung Pfirsiche in einem Sieb abtropfen lassen, Saft dabei auffangen und 200 ml davon abmessen. Eine Pfirsichhälfte vierteln und beiseite legen, aus einer weiteren Pfirsichhälfte eine runde Nase ausstechen oder ausschneiden und ebenfalls beiseite legen. Restliche Pfirsiche fein würfeln.

4 Gelatine nach Packungsanleitung einweichen. Quark mit Saft und Zucker verrühren, Gelatine ausdrücken, in einem kleinen Topf bei schwacher Hitze unter Rühren auflösen (nicht kochen) und zunächst mit etwas Quarkmasse verrühren, dann unter die restliche Quarkmasse rühren. Sobald die Masse beginnt dicklich zu werden, Sahne steif schlagen und unterheben. Pfirsichwürfel ebenfalls unterheben und die Creme evtl. nochmals kalt stellen.

5 Quarkcreme auf den Boden streichen, dabei den Kopf und den Bauch jeweils leicht gewölbt aufstreichen. Gebäckreste mit Puderzucker und mit wenigen Tropfen Speisefarbe verkneten, so dass sie leicht rosa werden, auf die Quarkcreme streuen und leicht andrücken. Die Torte etwa 2 Stunden kalt stellen.

6 Nase auf den Kopf legen, die geviertelten Pfirsichhälften als Ohren an den Kopf (evtl. mit Hilfe eines Holzstäbchens befestigen) und als Füße anlegen. Mit Zuckerschrift den Kopf betonen und die Nase verzieren.

Goldader-Kuchen
Beliebt – mit Alkohol

Für den Biskuitteig:

75 g Butter

5 Eier (Größe M)

200 g Zucker

1 Pck. Dr. Oetker Vanillin-Zucker

200 g Weizenmehl

50 g Speisestärke

3 gestr. TL Dr. Oetker Backin

100 g abgezogene,
gemahlene Mandeln

Für den Belag:

150 g Butter

100 g Zucker, 2 EL Honig

100 ml Schlagsahne

100 g abgezogene,
gemahlene Mandeln

200 g abgezogene,
gehobelte Mandeln

150 g Wild-Preiselbeeren

Für die Creme:

4 Blatt weiße Gelatine

2 Pck. Dr. Oetker Pudding-Pulver
Vanille-Geschmack

200 ml Eierlikör, 600 ml Milch

150 g Zucker

400 ml Schlagsahne

Zubereitungszeit:
50 Minuten, ohne Kühlzeit
Backzeit: etwa 30 Minuten

Insgesamt:
E: 181 g, F: 639 g, Kh: 920 g,
kJ: 43216, kcal: 10316

1 Für den Teig Butter zerlassen und abkühlen lassen. Eier mit Handrührgerät mit Rührbesen auf höchster Stufe in 1 Minute schaumig schlagen. Zucker und Vanillin-Zucker mischen, in 1 Minute einstreuen, dann noch 2 Minuten weiterschlagen.

2 Mehl mit Speisestärke und Backin mischen, auf die Eiercreme sieben und kurz auf niedrigster Stufe unterrühren. Mandeln kurz unterheben. Zuletzt die flüssige Butter kurz unterrühren. Den Teig in eine Fettfangschale (30 x 40 cm, gefettet) geben, verstreichen, Fettfangschale in den Backofen schieben und den Boden vorbacken.

Ober-/Unterhitze: etwa 200 °C (vorgeheizt)
Heißluft: etwa 180 °C (vorgeheizt)
Gas: Stufe 3–4 (vorgeheizt)
Backzeit: etwa 15 Minuten.

3 Für den Belag in der Zwischenzeit Butter mit Zucker, Honig und Sahne in einen Topf geben und unter Rühren zerlassen, Mandeln unterrühren und kurz aufkochen lassen. Masse auf dem vorgebackenen Boden verteilen und **bei gleicher Backofeneinstellung nochmals etwa 15 Minuten backen.**

4 Den Boden in der Fettfangschale auf einem Kuchenrost erkalten lassen. Anschließend Preiselbeeren auf der Gebäckplatte verstreichen, dabei in der Mitte einen diagonalen, breiten, leicht gewellten Streifen als „Goldader" frei lassen.

5 Für die Creme Gelatine nach Packungsanleitung einweichen. Pudding-Pulver mit Eierlikör anrühren. Milch mit Zucker zum Kochen bringen. Angerührtes Pudding-Pulver einrühren, unter Rühren aufkochen lassen und den Topf von der Kochstelle nehmen. Gelatine leicht ausdrücken und unter Rühren in dem heißen Pudding auflösen. Pudding direkt mit Frischhaltefolie bedecken und erkalten lassen.

6 Sahne steif schlagen und unter den erkalteten, durchgerührten Pudding heben. Creme auf die Preiselbeeren streichen und den Kuchen etwa 1 Stunde kalt stellen. Nach Belieben den Kuchen vor dem Servieren mit kleinen Golddukaten oder Goldtalern garnieren.

Tipp:
Für eine alkoholfreie Variante einfach den Eierlikör durch die gleiche Menge Milch ersetzen.
Anstelle von Mandeln schmecken auch Haselnusskerne.
Der Kuchen kann gut am Vortag zubereitet werden.

Schutzengel-Kuchen | Fruchtig

Zum Vorbereiten :

2 Dosen Aprikosenhälften
   (Abtropfgewicht je 480 g)
2 x 125 ml (⅛ l) Aprikosensaft
   aus der Dose

Für den Schüttelteig:

200 g Butter oder Margarine
300 g Weizenmehl
1 Pck. Dr. Oetker Backin
100 g gemahlene,
   abgezogene Mandeln
150 g Zucker
6 Eier (Größe M)

Für den Belag:

12 Blatt weiße Gelatine
1 kg Naturjoghurt
125 g Zucker
600 ml Schlagsahne

Zum Garnieren und Verzieren:

50 g leicht gebräunte,
   abgezogene Mandeln
50 g gemahlene Pistazienkerne
Zuckerperlen

1 Zum Vorbereiten Aprikosen in einem Sieb abtropfen lassen, Saft dabei auffangen und 2 x 125 ml (⅛ l) für Teig und Belag abmessen.

2 Für den Teig Butter oder Margarine zerlassen und abkühlen lassen. Mehl mit Backin mischen, in eine verschließbare Schüssel (etwa 3 l) sieben und mit Mandeln und Zucker mischen. Eier, 125 ml (⅛ l) Saft und flüssige Butter oder Margarine hinzufügen und die Schüssel mit dem Deckel fest verschließen.

3 Schüssel mehrmals kräftig schütteln (insgesamt 15–30 Sekunden), so dass alle Zutaten gut vermischt sind. Alles mit einem Schneebesen oder Rührlöffel nochmals sorgfältig durchrühren, damit trockene Zutaten vom Rand mit untergerührt werden. Einen Backrahmen auf ein Backblech (30 x 40 cm, gefettet, gemehlt) stellen, Teig einfüllen, darin verstreichen und das Backblech in den Backofen schieben.

Ober-/Unterhitze: etwa 200 °C (vorgeheizt)
Heißluft: etwa 180 °C (vorgeheizt)
Gas: Stufe 3–4 (vorgeheizt)
Backzeit: etwa 20 Minuten.

4 Das Gebäck auf dem Backblech auf einen Kuchenrost stellen und erkalten lassen. Anschließend die Aprikosen auf dem Gebäckboden verteilen.

5 Für den Belag Gelatine nach Packungsanleitung einweichen. Joghurt mit 125 ml (⅛ l) Saft und Zucker in einer Schüssel verrühren. Gelatine leicht ausdrücken, in einem Topf bei schwacher Hitze auflösen (nicht kochen) und zunächst mit etwas von der Joghurtmasse verrühren, dann unter die restliche Joghurtmasse rühren. Sobald die Masse beginnt dicklich zu werden, Sahne steif schlagen und unterheben. Joghurtcreme auf dem Boden im Backrahmen glatt streichen und etwa 2 Stunden kalt stellen.

6 Zum Garnieren Kuchenstücke einteilen und auf einige Stücke mit Hilfe eines Engelausstechers die Umrisse eines Engels leicht eindrücken. Ausstecher auf dem Stück liegen lassen, die innere Fläche mit Mandeln, Pistazien oder Zuckerperlen ausstreuen und mit Hilfe eines Holzspießes bis an den Rand des Ausstechers verteilen. Ausstecher vorsichtig abnehmen.

Zubereitungszeit:
45 Minuten, ohne Kühlzeit
Backzeit: etwa 20 Minuten

Insgesamt:
E: 196 g, F: 550 g, Kh: 805 g,
kJ: 37754, kcal: 9011

Tipp:
Sie können den Engelausstecher mit dem unteren Rand zunächst in aufgelöste Kuvertüre tauchen, dann vorsichtig auf die Creme setzen, so erhält man einen Engel mit Schokoladenkonturen. Der Kuchen kann am Vortag zubereitet werden, die Garnierung erst am Serviertag aufstreuen.

Kuchen aus der Form

Zaster-Napfkuchen
(Vorwortfoto) Zum Verschenken

Für den Rührteig:

300 g Butter oder Margarine
225 g Zucker
1 Pck. Dr. Oetker Finesse Bourbon-
　Vanille-Aroma
　oder Jamaica-Rum-Aroma
6 Eier (Größe M)
200 g Weizenmehl
1 Pck. Dr. Oetker Backin
200 g gemahlene Haselnusskerne
100 g gehackte oder
　gehobelte Haselnusskerne
100 g Zartbitter-Raspelschokolade

Zum Garnieren und Verzieren:

150 g Puderzucker
½ gestr. TL gemahlener Zimt
2–3 EL Rum oder Wasser
Golddukaten bzw. Geldstücke
　aus Schokolade
Holzspieße

1 Für den Teig Butter oder Margarine mit Handrührgerät mit Rührbesen auf höchster Stufe geschmeidig rühren. Nach und nach Zucker und Aroma unterrühren. So lange rühren, bis eine gebundene Masse entstanden ist.

2 Eier nach und nach unterrühren (jedes Ei etwa ½ Minute). Mehl mit Backin mischen, sieben und abwechselnd mit den Haselnusskernen und der Raspelschokolade auf mittlerer Stufe unterrühren. Den Teig in eine Napfkuchenform (Ø 24 cm, gefettet, gemehlt) füllen, glatt streichen und die Form auf dem Rost in den Backofen schieben.

Ober-/Unterhitze: etwa 180 °C (vorgeheizt)
Heißluft: etwa 160 °C (nicht vorgeheizt)
Gas: Stufe 2–3 (nicht vorgeheizt)
Backzeit: etwa 55 Minuten.

3 Das Gebäck 10 Minuten in der Form stehen lassen, dann auf einen Kuchenrost stürzen und erkalten lassen.

4 Zum Garnieren Puderzucker mit Zimt und Wasser oder Rum zu einem dickflüssigen Guss verrühren und den Kuchen damit bestreichen oder den Guss in „Nasen" herunter laufen lassen. Guss fest werden lassen. Die Mitte des Kuchens mit Golddukaten oder Geldstücken dekorativ füllen. Einige Taler auf Holzspieße stecken und in den Kuchen stecken.

Tipp:
Der Napfkuchen hält gut verpackt eine Woche und schmeckt gut durchgezogen am besten. In dem Kuchen können eine oder mehrere ganze Haselnusskerne eingebacken werden – wer die Nuss findet, bekommt vom Gatgeber ein Geschenk oder darf sich etwas wünschen.

Zubereitungszeit:
30 Minuten, ohne Abkühlzeit
Backzeit: etwa 55 Minuten

Insgesamt:
E: 110 g, F: 502 g, Kh: 620 g,
kJ: 31189, kcal: 7448

Marienkäfer
(Rezept für 1 Marienkäfer)

Für Kinder –
etwas aufwändiger

Für die Götterspeise:

1 Beutel aus 1 Pck. Instant Götterspeise Kirsch-Geschmack
250 ml (¼ l) Orangensaft
150 ml Wasser, 50 g Zucker

Für den Rührteig:

25 g Halbbitter-Kuvertüre
100 g Butter oder Margarine
75 g Zucker
4 Tropfen Butter-Vanille-Aroma
1 Prise Salz, 2 Eier (Größe M)
75 g Weizenmehl
10 g Kakaopulver
1 gestr. TL Dr. Oetker Backin

Für die Orangensahne:

200 ml Schlagsahne
1 Pck. Dr. Oetker Sahnesteif
2 TL Zucker, 4 EL Orangensaft

Zum Garnieren und Verzieren:

75 g Halbbitter-Kuvertüre
Schoko-Gebäckstäbchen
1 EL Puderzucker
einige Tropfen Wasser

Zubereitungszeit:
50 Minuten, ohne Kühlzeit
Backzeit: etwa 20 Minuten

Insgesamt:
E: 47 g, F: 154 g, Kh: 287 g,
kJ: 11773, kcal: 2814

1 Die Götterspeise nach Packungsanleitung, aber mit Orangensaft, Wasser und Zucker zubereiten und in eine mit Frischhaltefolie ausgelegte Schüssel (Ø 17 cm, etwa 1 l Inhalt) füllen. Eine kleinere Schüssel (Ø 14 cm) außen mit Frischhalte-folie überziehen, in die Götterspeise geben und beschweren, so dass die Flüssig-keit ansteigt, und alles 4 Stunden, am besten über Nacht, kalt stellen.

2 Für den Teig Kuvertüre fein hacken. Butter oder Margarine mit Handrühr-gerät mit Rührbesen auf höchster Stufe geschmeidig rühren. Nach und nach Zucker, Aroma und Salz unterrühren. So lange rühren, bis eine gebundene Masse entstanden ist. Eier nach und nach unterrühren (jedes Ei etwa ½ Minute). Mehl mit Kakao und Backin mischen, sieben und auf mittlerer Stufe unter-rühren. Zuletzt die gehackte Kuvertüre unterrühren. Den Teig in eine Spring-form (Ø 28 cm, Boden gefettet, mit Backpapier belegt) füllen und die Form auf dem Rost in den Backofen schieben.

Ober-/Unterhitze: etwa 180 °C (vorgeheizt)
Heißluft: etwa 160 °C (vorgeheizt)
Gas: Stufe 2–3 (vorgeheizt)
Backzeit: etwa 20 Minuten.

3 Den Boden aus der Form lösen, auf einen mit Backpapier belegten Kuchen-rost stürzen und erkalten lassen. Anschließend mitgebackenes Backpapier entfernen. Aus dem Boden zwei Platten (Ø etwa 7 cm und 16 cm, bzw. 1 cm kleiner als die große Schüssel) schneiden. Außerdem 5–6 kleine Punkte (Ø etwa 2,5 cm) ausstechen. Gebäckreste zerbröseln.

4 Für die Orangensahne Sahne mit Sahnesteif und Zucker steif schlagen und Orangensaft unterrühren. Die kleine Schüssel mit Folie aus der Götterspeise nehmen, in die Vertiefung der Götterspeise 2 Esslöffel Orangensahne füllen, verstreichen und mit der kleinen Gebäckplatte belegen. Die restliche Orangen-sahne darauf verteilen und mit der großen Gebäckplatte bedecken. Die gefüllte Götterspeisekuppel auf eine Platte stürzen und die Folie entfernen.

5 Zum Garnieren Kuvertüre hacken und in einem Topf im Wasserbad bei schwacher Hitze geschmeidig rühren. Die Gebäckbrösel mit gut 50 g der Kuvertüre verkneten, 6 Beine und einen Kopf formen und an den Rumpf legen. Schoko-Gebäckstäbchen abbrechen und als Fühler hinter dem Kopf in die Götterspeise stecken. Aus der Götterspeise 5–6 Punkte (Ø etwa 2,5 cm) ausstechen und durch die Gebäckpunkte ersetzen.

6 Zum Verzieren Puderzucker mit Wasser zu einem dickflüssigen Guss ver-rühren, restliche Kuvertüre und denGuss getrennt in Gefrierbeutel oder Papier-tütchen füllen, Ecke abschneiden und den Marienkäfer nach Belieben verzieren. Den Marienkäfer bis zum Servieren kalt stellen.

Saftiger Glücksgeschenke-Kuchen | Für Gäste

Zum Vorbereiten:

2 säuerliche Äpfel (etwa 300 g)

2 EL Zitronensaft

2 EL Wild-Preiselbeeren oder Rosinen

100 g Walnusskerne

1 Marzipanbrot mit
Schokoüberzug (100 g)

Für den Rührteig:

250 g Butter oder Margarine

150 g Zucker

1 Pck. Dr. Oetker Vanillin-Zucker

6 Eier (Größe M)

400 g Weizenmehl

4 gestr. TL Dr. Oetker Backin

2–3 getrocknete weiße Bohnen

Für den Guss:

120 g Puderzucker

1 EL Apfelsaft, 1 EL Zitronensaft

Zum Garnieren:

einige Walnusskernhälften

Schokodekorblätter

1 Zum Vorbereiten Äpfel schälen, vierteln, entkernen, Äpfel fein würfeln und mit Zitronensaft und Preiselbeeren oder Rosinen mischen. Walnusskerne hacken. Marzipanbrot fein würfeln und mit den Walnusskernen untermischen.

2 Für den Teig Butter oder Margarine mit Handrührgerät mit Rührbesen auf höchster Stufe geschmeidig rühren. Nach und nach Zucker und Vanillin-Zucker unterrühren. So lange rühren, bis eine gebundene Masse entstanden ist. Eier nach und nach unterrühren (jedes Ei etwa $\frac{1}{2}$ Minute).

3 Mehl mit Backin mischen, sieben und in 2 Portionen auf mittlerer Stufe unterrühren. Apfel-Marzipan-Nuss-Mischung unterrühren. Den Teig in eine Napfkuchenform (Ø 24 cm, gefettet) füllen, einige Bohnen in den Teig drücken und den Teig glatt streichen. Die Form auf dem Rost in den Backofen schieben.

Ober-/Unterhitze: etwa 180 °C (vorgeheizt)
Heißluft: etwa 160 °C (nicht vorgeheizt)
Gas: Stufe 2–3 (nicht vorgeheizt)
Backzeit: 50–55 Minuten.

4 Den Kuchen 10 Minuten in der Form stehen lassen, dann auf einen Kuchenrost stürzen und erkalten lassen.

5 Für den Guss Puderzucker mit Apfel- und Zitronensaft verrühren und auf den Kuchen streichen. Walnusskerne und Schokodekoration auf den Kuchen in den noch feuchten Guss legen und den Guss fest werden lassen.

6 Zum Servieren den Kuchen in Stücke schneiden und verteilen. Wer eine Bohne in seinem Stück Kuchen findet, erhält ein vom Gastgeber vorbereitetes Glücksgeschenk (z. B. einen Glücksbringer).

Zubereitungszeit:
35 Minuten, ohne Abkühlzeit
Backzeit: 50–55 Minuten

Insgesamt:
E: 112 g, F: 356 g, Kh: 707 g,
kJ: 27086, kcal: 6469

Schornsteinfegerhut | Zum Verschenken – gut vorzubereiten

Für den All-in-Teig:

400 g Weizenmehl

1 Pck. Dr. Oetker Backin

150 g Zucker

5 Eier (Größe M)

1 Pck. Dr. Oetker Finesse
Amaretto-Bittermandel-Aroma

75 g gemahlene Haselnusskerne

200 ml Eierlikör

125 g Butter oder Margarine

100 g Raspelschokolade

50 g Amaretti (italienisches
Mandelgebäck)

1 neuer Ton-Blumentopf
(Ø etwa 13 cm)

Zum Bestreichen:

250 g Aprikosenkonfitüre

1-2 EL Wasser

Zum Garnieren:

100 g Marzipan-Rohmasse

30 g Puderzucker

grüne und rote Speisefarbe

evtl. Zuckerschrift

Für den Guss:

300 g Halbbitter-Kuvertüre

3 EL Speiseöl

Zubereitungszeit:
60 Minuten, ohne Abkühlzeit
Backzeit: etwa 40 Minuten

Insgesamt:
E: 155 g, F: 319 g, Kh: 1083 g,
kJ: 35191, kcal: 8402

1 Für den Teig Mehl mit Backin mischen und in eine Rührschüssel sieben. Zucker, Eier, Aroma, Haselnusskerne, Eierlikör und Butter oder Margarine hinzufügen. Die Zutaten mit Handrührgerät mit Rührbesen auf höchster Stufe in 2 Minuten zu einem glatten Teig verarbeiten. Zuletzt Raspelschokolade kurz unterrühren.

2 Zwei Drittel des Teiges in eine Springform (Ø 26 cm, Boden gefettet) füllen. Amaretti darauf verteilen und leicht eindrücken. Restlichen Teig in einen Ton-Blumentopf (gut gefettet, gemehlt, Loch im Boden mit Alufolie abgedichtet) füllen. Die Formen nebeneinander auf dem Rost in den Backofen schieben.

Ober-/Unterhitze: etwa 180 °C (vorgeheizt)
Heißluft: etwa 160 °C (nicht vorgeheizt)
Gas: Stufe 2–3 (nicht vorgeheizt)
Backzeit: etwa 40 Minuten.

3 Die Gebäcke aus den Formen lösen, auf Kuchenroste stürzen und erkalten lassen.

4 Zum Bestreichen Konfitüre durch ein Sieb streichen, mit etwas Wasser in einem kleinen Topf aufkochen lassen und das Gebäck damit bestreichen. Den „Hut" zusammensetzen, dabei evtl. die Rundung auf dem Blumentopf-Gebäck abschneiden, so dass das Gebäck gerade auf dem Boden liegt.

5 Zum Garnieren Marzipan-Rohmasse mit Puderzucker verkneten. Gut 100 g davon mit grüner Speisefarbe, den Rest mit roter Speisefarbe einfärben. Grünes Marzipan zwischen 2 Lagen Frischhaltefolie dünn ausrollen, ein Hutband ausschneiden und mit Ausstechformen Kleeblätter ausstechen. Rosa Marzipan-Rohmasse ebenfalls ausrollen und ein Schweinchen ausschneiden.

6 Für den Guss Kuvertüre hacken und mit Öl in einem kleinen Topf im Wasserbad bei schwacher Hitze geschmeidig rühren. Den Kuchenhut damit überziehen. Kleeblätter, Hutband und Schweinchen in den noch feuchten Guss legen.

Tipp:

Tontopf vor dem Backen gut säubern und wässern.

Rosenherz | Mit Alkohol

Für den Rührteig:
75 g Blockschokolade
125 g Butter oder Margarine
125 g Zucker
½ Fläschchen Butter-Vanille-Aroma
1 gestr. TL gemahlener Zimt
2 Eier (Größe M)
75 ml (6 EL) Rotwein
125 g Weizenmehl
2 gestr. TL Kakaopulver
2 gestr. TL Dr. Oetker Backin

Zum Bestreichen:
75 g Aprikosenkonfitüre
1 EL Wasser

Für den Guss:
200 g Puderzucker
etwa 3 EL Rotwein
rote Speisefarbe

Zum Garnieren:
1 TL Puderzucker, 2 EL Wasser
einige Blütenblätter von roten
    und rosa Rosen (ungespritzt)
50 g feinkörniger Zucker

1 Für den Teig Blockschokolade fein hacken. Butter oder Margarine mit Handrührgerät mit Rührbesen auf höchster Stufe geschmeidig rühren. Nach und nach Zucker, Aroma und Zimt hinzufügen. So lange rühren, bis eine gebundene Masse entstanden ist.

2 Eier nach und nach unterrühren (jedes Ei etwa ½ Minute). Wein hinzufügen und kurz verrühren. Mehl mit Kakao und Backin mischen, sieben und portionsweise auf mittlerer Stufe unterrühren. Zuletzt Blockschokolade unterheben. Den Teig in eine Herzform (gefettet, gemehlt, etwa 1 l) füllen, glatt streichen und die Form auf dem Rost in den Backofen schieben.

Ober-/Unterhitze: etwa 180 °C (vorgeheizt)
Heißluft: etwa 160 °C (nicht vorgeheizt)
Gas: etwa Stufe 3 (nicht vorgeheizt)
Backzeit: etwa 45 Minuten.

3 Das Herz nach dem Backen noch etwa 10 Minuten in der Form stehen lassen, dann auf einen Kuchenrost stürzen und erkalten lassen.

4 Zum Bestreichen Konfitüre durch ein Sieb streichen, unter Rühren mit dem Wasser etwas einkochen lassen und das Herz vollständig damit bestreichen.

5 Für den Guss Puderzucker nach und nach mit Rotwein und Speisefarbe zu einer dickflüssigen, kräftig roten Masse verrühren. Das Herz mit dem Rotweinguss überziehen und den Guss fest werden lassen.

6 Zum Garnieren Puderzucker mit Wasser verrühren. Kurz vor dem Servieren die Blütenblätter mit etwas Zuckerwasser bepinseln, in dem Zucker wälzen, bzw. mit Zucker bestreuen und dekorativ auf dem Herz verteilen.

Tipp:
Anstelle des Rotweins kann auch roter Traubensaft oder Kirschsaft verwendet werden.
Das Herz bleibt verpackt mehrere Tage saftig und ist ohne Guss gefriergeeignet.

Zubereitungszeit:
30 Minuten, ohne Abkühlzeit
Backzeit: etwa 45 Minuten

Insgesamt:
E: 39 g, F: 141 g, Kh: 574 g,
kJ: 16090, kcal: 3843

Glücklichmacher-Kuchen | Für Kinder

Für den Rührteig:

175 g Butter oder Margarine

175 g Zucker

1 Pck. Dr. Oetker Vanillin-Zucker

4 Eier (Größe M)

175 g Weizenmehl

50 g Speisestärke

3 gestr. TL Dr. Oetker Backin

1 Banane

70 g Zartbitter-Raspelschokolade

Für die Füllung:

9 Blatt weiße Gelatine

1 kleines Glas Sauerkirschen
   (Abtropfgewicht 175 g)

250 ml (¼ l) Bananenmilch
   (aus dem Kühlregal)

50 g Zucker

600 ml Schlagsahne

Zum Garnieren:

30 g Raspelschokolade

einige Gelee-Bananen

Zubereitungszeit:
45 Minuten, ohne Abkühlzeit
Backzeit: etwa 40 Minuten

Insgesamt:
E: 97 g, F: 395 g, Kh: 587 g,
kJ: 26405, kcal: 6303

1 Für den Teig Butter oder Margarine mit Handrührgerät mit Rührbesen auf höchster Stufe geschmeidig rühren. Nach und nach Zucker und Vanillin-Zucker unterrühren. So lange rühren, bis eine gebundene Masse entstanden ist. Eier nach und nach unterrühren (jedes Ei etwa ½ Minute). Mehl mit Speisestärke und Backin mischen, sieben und in 2 Portionen auf mittlerer Stufe unterrühren.

2 Banane schälen, fein zerdrücken und mit der Raspelschokolade zuletzt unterrühren. Den Teig in eine Kranzform (Ø 22 cm, gefettet, gemehlt) füllen, glatt streichen und die Form auf dem Rost in den Backofen schieben.

Ober-/Unterhitze: etwa 180 °C (vorgeheizt)
Heißluft: etwa 160 °C (nicht vorgeheizt)
Gas: Stufe 2–3 (nicht vorgeheizt)
Backzeit: etwa 40 Minuten.

3 Das Gebäck nach dem Backen 10 Minuten in der Form stehen lassen, dann auf einen Kuchenrost stürzen und erkalten lassen. Anschließend den Kranz zweimal waagerecht durchschneiden.

4 Für die Füllung Gelatine nach Packungsanleitung einweichen. Kirschen in einem Sieb abtropfen lassen. Bananenmilch mit Zucker verrühren. Gelatine leicht ausdrücken und in einem kleinen Topf bei schwacher Hitze auflösen (nicht kochen). Zunächst etwas Bananenmilch unterrühren, dann die Gelatine-Bananenmilch-Flüssigkeit unter die restliche Bananenmilch rühren und kalt stellen. Sobald die Bananenmilch beginnt dicklich zu werden, Sahne steif schlagen und unterheben.

5 Den unteren Gebäckboden auf eine Tortenplatte legen. Die Kirschen in 2 Reihen auf dem unteren Boden verteilen. Ein Drittel der Creme aufstreichen und den mittleren Boden auflegen, knapp die Hälfte der restlichen Creme aufstreichen und den oberen Boden auflegen. 3 Esslöffel von der restlichen Creme in einen Spritzbeutel mit Lochtülle füllen. Mit der restlichen Creme den Kuchen rundherum bestreichen und den Kuchen mit der Creme aus dem Spritzbeutel verzieren.

6 Den unteren Rand des Kuchens mit Raspelschokolade bestreuen und den Kuchen kalt stellen. Vor dem Servieren Gelee-Bananen dekorativ auflegen.

Hufeisentorte Für Gäste

Für den Rührteig:

125 g Butter oder Margarine
150 g Zucker
1 Pck. Dr. Oetker Vanillin-Zucker
½ Fläschchen Zitronen-Aroma
3 Eier (Größe M)
200 g Weizenmehl
2 gestr. TL Dr. Oetker Backin

Für die Füllung:

150 g Pfefferminztaler
150 g Naturjoghurt (10 % Fett)
4 Blatt weiße Gelatine
200 ml Schlagsahne
etwa 2 EL Zitronengelee

Zum Bestreichen:

200 ml Schlagsahne
1 Pck. Dr. Oetker Sahnesteif
1 TL Zucker

etwas grüne Speisefarbe

Zum Garnieren:

100 g Marzipan-Rohmasse
20 g gesiebter Puderzucker
grüne und rote Speisefarbe

Zubereitungszeit:
40 Minuten, ohne Kühlzeit
Backzeit: etwa 25 Minuten

Insgesamt:
E: 76 g, F: 319 g, Kh: 555 g,
kJ: 23515, kcal: 5617

1 Für den Teig Butter oder Margarine mit Handrührgerät mit Rührbesen auf höchster Stufe geschmeidig rühren. Nach und nach Zucker, Vanillin-Zucker und Aroma unterrühren. So lange rühren, bis eine gebundene Masse entstanden ist. Eier nach und nach unterrühren (jedes Ei etwa ½ Minute). Mehl mit Backin mischen, sieben und in 2 Portionen auf mittlerer Stufe unterrühren. Den Teig in eine Kranzform (Ø 24 cm, gut gefettet) füllen und auf dem Rost in den Backofen schieben.

Ober-/Unterhitze: etwa 180 °C (vorgeheizt)
Heißluft: etwa 160 °C (vorgeheizt)
Gas: Stufe 2–3 (vorgeheizt)
Backzeit: etwa 25 Minuten.

2 Den Kuchen 10 Minuten in der Form stehen lassen, dann aus der Form lösen, auf einen mit Backpapier belegten Kuchenrost stürzen und erkalten lassen. Aus dem Kranz ein Viertel herausschneiden, so dass ein Hufeisen entsteht, das herausgeschnittene Stück zerbröseln und beiseite stellen. Das Hufeisen zweimal waagerecht durchschneiden.

3 Für die Füllung die Pfefferminztaler kurz ins Gefrierfach legen, dann in feine Stücke schneiden und mit einem Schneebesen mit Joghurt verrühren. Gelatine nach Packungsanleitung einweichen, dann ausdrücken und in einem kleinen Topf bei schwacher Hitze auflösen (nicht kochen). Gelatine mit etwas von der Joghurtmasse verrühren, dann unter die restliche Joghurtmasse rühren. Wenn die Masse beginnt dicklich zu werden, Sahne steif schlagen und unterheben.

4 Den unteren Boden auf eine Platte legen, mit Zitronengelee und der Hälfte der Joghurtcreme bestreichen und mit dem mittleren Boden bedecken. Die restliche Joghurtcreme darauf streichen, mit dem oberen Boden bedecken und kurz kalt stellen. Zum Bestreichen Sahne mit Sahnesteif und Zucker steif schlagen und das Hufeisen damit bestreichen.

5 Zwei Drittel der beiseite gestellten Brösel in einer beschichteten Pfanne auf der Kochstelle oder auf einem mit Backpapier belegten Backblech im Backofen leicht anrösten und erkalten lassen. Unter die restlichen Brösel mit einer Gabel etwas grüne Speisefarbe kneten. Das Hufeisen vollständig mit den gerösteten Bröseln bestreuen, dabei am unteren Rand 1–2 cm frei lassen, ihn mit den grünen Bröseln bestreuen und das Hufeisen etwa 1 Stunde kalt stellen.

6 Zum Garnieren Marzipan mit Puderzucker verkneten. Zwei Drittel davon mit grüner Speisefarbe einfärben, ausrollen und Kleeblätter ausstechen. Unter das restliche Marzipan rote Speisefarbe kneten und daraus Glücksschweinchen und Bänder formen. Torte vor dem Servieren mit Marzipandekoren garnieren.

Geburtstags-Gugelhupf Beliebt

Für den Hefeteig:

1 Pck. Dr. Oetker Trockenbackhefe
1 TL Zucker
200 ml lauwarme Schlagsahne
500 g Weizenmehl
125 g Zucker
1 Pck. Dr. Oetker Vanillin-Zucker
6 Tropfen Zitronen-Aroma
1 Prise Salz
4 Eier (Größe M)
200 g zerlassene,
  abgekühlte Butter
150 g Rosinen
50 g Korinthen
100 g nicht abgezogene,
  gehackte Mandeln

Für den Guss und Garnierung:

200 g Puderzucker
etwa 3 EL Zitronensaft
etwa 50 g bunte Schokolinsen
kleine Kerzen und Kerzenständer

1 Für den Teig Trockenbackhefe mit Zucker und Sahne in einer kleinen Schüssel sorgfältig verrühren und etwa 15 Minuten stehen lassen. Mehl in eine Rührschüssel sieben und Zucker, Vanillin-Zucker, Aroma, Salz, Eier und Butter hineingeben. Die angesetzte Hefe hinzufügen. Die Zutaten mit Handrührgerät mit Knethaken zunächst auf niedrigster, dann auf höchster Stufe in etwa 5 Minuten zu einem Teig verarbeiten.

2 Den Teig zugedeckt an einem warmen Ort so lange stehen lassen, bis er sich sichtbar vergrößert hat und ihn dann auf höchster Stufe nochmals kurz durchkneten. Zum Schluss kurz Rosinen, Korinthen und Mandeln unter den Teig arbeiten.

3 Den Teig in eine Napfkuchenform (Ø 24 cm, gefettet, gemehlt) füllen und nochmals so lange an einem warmen Ort gehen lassen, bis er sich sichtbar vergrößert hat. Die Form auf dem Rost in den Backofen stellen.

Ober-/Unterhitze: etwa 180 °C (vorgeheizt)
Heißluft: etwa 160 °C (nicht vorgeheizt)
Gas: Stufe 2–3 (nicht vorgeheizt)
Backzeit: etwa 60 Minuten.

4 Den Kuchen nach dem Backen etwa 10 Minuten in der Form stehen lassen, dann auf einen Kuchenrost stürzen und erkalten lassen.

5 Für den Guss Puderzucker mit Zitronensaft zu einer dickflüssigen Masse verrühren und gleichmäßig über den Gugelhupf laufen lassen, so dass er in „Nasen" herunterläuft. Zum Garnieren Schokoladenlinsen auf dem noch feuchten Zitronenguss verteilen und die Kerzen in Kerzenständern oben in den Kuchen stecken.

Zubereitungszeit:
25 Minuten, ohne Teiggehzeit
Backzeit: etwa 60 Minuten

Insgesamt:
E: 120 g, F: 320 g, Kh: 887 g,
kJ: 30112, kcal: 7195

Kleingebäck

Glückswürfel | Für Kinder

20 Stück

Für den Teig:
6 Eier (Größe M)
350 g Zucker
2 Pck. Dr. Oetker Vanillin-Zucker
175 ml Speiseöl
225 ml Orangenlimonade
350 g Weizenmehl
1 Pck. Dr. Oetker Backin

Für die Füllung:
150 g rotes Johannisbeergelee
400 ml Schlagsahne
400 ml Milch
2 Pck. Dr. Oetker Pudding-Pulver
   Vanille-Geschmack
75 g Zucker

Für den Guss und zum Garnieren:
400 g Halbbitter-Kuvertüre
50 g Kokosfett
Zuckerkonfetti

Zum Verzieren:
75 g weiße Kuvertüre
2–3 Tropfen Wasser

Zubereitungszeit:
60 Minuten, ohne Abkühlzeit
Backzeit: etwa 30 Minuten

Insgesamt:
E: 134 g, F: 567 g, Kh: 1191 g,
kJ: 43386, kcal: 10376

1 Für den Teig Eier, Zucker und Vanillin-Zucker schaumig schlagen, Öl und Limonade unterrühren. Mehl mit Backin mischen, sieben und unterrühren. Einen Backrahmen (30 x 36 cm) auf ein mit Backpapier belegtes Backblech stellen, Teig einfüllen, darin glatt streichen und das Backblech auf dem Rost in den Backofen schieben.

Ober-/Unterhitze: etwa 180 °C (vorgeheizt)
Heißluft: etwa 160 °C (vorgeheizt)
Gas: Stufe 2–3 (vorgeheizt)
Backzeit: etwa 30 Minuten.

2 Gebäck auf dem Backblech auf einem Kuchenrost erkalten lassen. Dann Backpapier entfernen und von der Gebäckplatte einen breiten Streifen (12 x 30 cm) abschneiden. Streifen und restliche Platte je einmal waagerecht durchschneiden. Die untere große Gebäckplatte auf ein Arbeitsbrett legen, mit der Hälfte des Gelees bestreichen und einen Backrahmen darumstellen.

3 Aus Sahne, Milch, Pudding-Pulver und Zucker nach Packungsanleitung einen Pudding zubereiten. Die Hälfte davon noch heiß auf die bestrichene große Gebäckplatte geben, vorsichtig glatt streichen und mit den 2 schmalen Gebäckstreifen belegen. Restliches Gelee darauf streichen, den restlichen heißen Pudding vorsichtig darauf glatt streichen, mit der oberen großen Gebäckplatte belegen, andrücken und erkalten lassen.

4 Für den Guss Kuvertüre hacken und mit Kokosfett in einem Topf im Wasserbad bei schwacher Hitze geschmeidig rühren. Gebäck aus dem Backrahmen lösen und in Würfel (6 x 6 cm) schneiden. Würfel dünn mit Kuvertüre überziehen, Kuvertüre etwas anziehen lassen und mit Zuckerkonfetti bestreuen.

5 Zum Verzieren weiße Kuvertüre in einem Topf im Wasserbad bei schwacher Hitze geschmeidig rühren und Wassertropfen unterrühren, damit die Masse etwas fester wird. Kuvertüre in einen kleinen Gefrierbeutel füllen, eine kleine Ecke abschneiden und die Würfel mit Botschaften, z. B. Glück, Zufriedenheit, Harmonie, Freude usw. beschriften.

Tipp:
Die Würfel bleiben 3–4 Tage saftig.
Anstelle von Johannisbeergelee schmeckt auch Aprikosenkonfitüre.

Glücksröllchen mit Botschaft | Beliebt

etwa 20 Stück

Zum Vorbereiten:
1 Stück fester weißer Karton
(etwa in Größe einer Postkarte)

Für den Teig:
50 g Marzipan-Rohmasse
1 Prise Salz
1 Eiweiß (Größe M)
1 Ei (Größe M)
30 g Weizenmehl
40 g gesiebter Puderzucker
1 Msp. gemahlener Zimt

Außerdem:
etwa 20 kleine Stücke Pergament-
papier zum Beschriften
nach Belieben Puderzucker
oder aufgelöste Schokolade

1 Zum Vorbereiten aus dem Karton ein Oval (etwa 8 x 12 cm) ausschneiden und den so entstandenen Rahmen als Schablone verwenden.

2 Für den Teig Marzipan in kleine Stücke schneiden und in einen Rührbecher geben. Salz, Eiweiß und Ei hinzufügen und die Zutaten mit einem Pürierstab pürieren. Mehl mit Puderzucker und Zimt mischen, sieben und mit dem Pürierstab unterarbeiten.

3 Die Schablone auf ein Backblech (gefettet, mit Backpapier belegt) legen, etwa 1 Teelöffel Teig hineingeben und mit einer Teigkarte oder einer Palette glatt streichen. Die Schablone abnehmen. Auf gleiche Weise weitere 2 Ovale auf das Backblech streichen und das Backblech in den Backofen schieben.

Ober-/Unterhitze: etwa 200 °C (vorgeheizt)
Heißluft: etwa 180 °C (vorgeheizt)
Gas: Stufe 3–4 (vorgeheizt)
Backzeit: 4–5 Minuten je Backblech.

4 Sofort nach dem Backen ein Gebäckoval mit einem flexiblen Heber (z. B. Palette) anheben und möglichst schnell der Länge nach aufrollen (evtl. mit Hilfe eines Küchentuchs). Die übrigen Ovale ebenso möglichst rasch aufrollen. Sollte eines der Ovale vor dem Aufrollen fest geworden sein, das Backblech nochmals kurz in den heißen Backofen schieben. Den übrigen Teig auf die gleiche Weise verarbeiten (wellig gewordenes Backpapier gegen neues austauschen).

5 Für den Inhalt der Röllchen Glückssymbole oder Glück bringende Botschaften auf Pergamentpapierstreifen schreiben, die Streifen aufrollen und in die Röllchen stecken. Die Röllchen nach Belieben mit Puderzucker bestäuben oder mit aufgelöster Schokolade besprenkeln.

Botschaften:
• Genieße den Augenblick.
• Du erfreust dich blühender Gesundheit.
• Ein vergessener Freund taucht auf.
• Anderen zu helfen kann dein Leben erfüllen.
• Nutze unerwartete Gelegenheiten.
• Du wirst vom Glück verfolgt.
(weitere Botschaften siehe Seite 90)

Zubereitungszeit:
etwa 90 Minuten
Backzeit:
4-5 Minuten je Backblech

Insgesamt:
E: 20 g, F: 24 g, Kh: 81 g,
kJ: 2591, kcal: 619

Kleine Herzenswünsche | Zum Verschenken

Für den Rührteig:

5 Eiweiß (Größe M)
250 g Butter oder Margarine
175 g Zucker
2 Pck. Dr. Oetker Vanillin-Zucker
5 Eigelb (Größe M)
125 g Weizenmehl
75 g Speisestärke
1 gestr. TL Dr. Oetker Backin
100 g abgezogene,
  gemahlene Mandeln
1 EL Rosenwasser
1 EL Rum

Zum Garnieren und Verzieren:

100 g Marzipan-Rohmasse
30 g gesiebter Puderzucker
rote Speisefarbe
50 g Halbbitter-Kuvertüre

Für den Guss:

200 g weiße Kuvertüre
2 TL Speiseöl

1 Für den Teig Eiweiß steif schlagen. Butter oder Margarine mit Handrührgerät mit Rührbesen auf höchster Stufe geschmeidig rühren. Nach und nach Zucker und Vanillin-Zucker unterrühren. So lange rühren, bis eine gebundene Masse entstanden ist. Eigelb nach und nach unterrühren.

2 Mehl mit Speisestärke und Backin mischen, sieben und in 2 Portionen abwechselnd mit Mandeln, Rosenwasser und Rum auf mittlerer Stufe unterrühren. Eiweiß locker unterheben.

3 Ein Backblech mit Backpapier belegen und einen Backrahmen (22 x 38 cm) darauf stellen. 4–5 Esslöffel Teig hineingeben, mit einem Tortenheber oder einer Teigkarte gleichmäßig aufstreichen und unter dem Grill des Backofens etwa 3 Minuten grillen. Nächste Schicht aufstreichen und diesen Vorgang so lange wiederholen, bis der Teig verbraucht ist.

4 Die Gebäckplatte mit dem Backpapier vom Backblech auf einen Kuchenrost ziehen und erkalten lassen. Anschließend mitgebackenes Backpapier abziehen und aus der Gebäckplatte unterschiedlich große Herzen ausstechen.

5 Zum Garnieren Marzipan-Rohmasse mit Puderzucker und Speisefarbe verkneten, zwischen 2 Lagen Frischhaltefolie dünn ausrollen und Herzen in unterschiedlicher Größe ausstechen.

6 Zum Verzieren Kuvertüre hacken, in einen Gefrierbeutel füllen, ihn verschließen und die Kuvertüre in einem Topf im Wasserbad bei schwacher Hitze auflösen. Beutel trockentupfen, leicht durchkneten, eine kleine Ecke abschneiden und die Marzipanherzen nach Belieben mit Wünschen beschriften.

7 Für den Guss Kuvertüre mit Öl in einem kleinen Topf im Wasserbad bei schwacher Hitze geschmeidig rühren und die Herzen damit überziehen. Marzipanherzen auf die Gebäckherzen in den noch feuchten Guss legen und den Guss fest werden lassen.

Zubereitungszeit:
50 Minuten
Backzeit: etwa 30 Minuten

Insgesamt:
E: 103 g, F: 411 g, Kh: 594 g,
kJ: 28155, kcal: 6725

Tipp:
Nach Belieben die Marzipanherzen weglassen und die überzogenen Herzen direkt mit aufgelöster Kuvertüre oder Zuckerschrift verzieren.

Glückstaler
(Vorwortfoto) Einfach

etwa 60 Stück

Für den Knetteig:
300 g Weizenmehl
1 Msp. Dr. Oetker Backin
100 g Zucker
1 Pck. Dr. Oetker Vanillin-Zucker
1 Pck. Dr. Oetker Finesse
   Orangenfrucht
5 EL Orangensaft
150 g Butter oder Margarine

Zum Garnieren und Verzieren:
30 g Halbbitter-Kuvertüre
10 g Zucker
20 g Kakaopulver

1 Für den Teig Mehl mit Backin mischen und in eine Rührschüssel sieben. Restliche Zutaten hinzufügen und mit Handrührgerät mit Knethaken zunächst kurz auf niedrigster, dann auf höchster Stufe gut durcharbeiten.

2 Anschließend auf der leicht bemehlten Arbeitsfläche kurz zu einem Teig verkneten. Aus dem Teig 3 Rollen formen (Ø etwa 4 cm), diese mit Frischhaltefolie zudecken, kalt stellen und fest werden lassen.

3 In der Zwischenzeit Kuvertüre in Stücke hacken und in einem kleinen Topf im Wasserbad bei schwacher Hitze geschmeidig rühren. Zucker mit Kakao vermischen, auf die Arbeitsfläche streuen und die Rollen darin wälzen. Die Rollen in gut ½ cm dicke Taler schneiden und auf 2 mit Backpapier belegten Backblechen verteilen.

4 Kuvertüre in einen kleinen Gefrierbeutel füllen, eine kleine Ecke abschneiden und die Taler damit verzieren. Die Backbleche nacheinander (bei Heißluft zusammen) in den Backofen schieben.

Ober-/Unterhitze: etwa 200 °C (vorgeheizt)
Heißluft: etwa 180 °C (vorgeheizt)
Gas: Stufe 3–4 (vorgeheizt)
Backzeit: etwa 12 Minuten je Backblech.

5 Glückstaler nach dem Backen von den Backblechen auf Kuchenroste ziehen und erkalten lassen.

Tipp:
Die Glückstaler halten sich in einer gut verschlossenen Dose etwa 4 Wochen lang.
Anstelle von Finesse Orangenfrucht schmeckt auch Finesse Geriebene Zitronenschale.
Die Rollen können auch in gemahlenen Mandeln oder Haselnusskernen oder in grobem braunen Zucker gewälzt werden, dann die Rollen evtl. vorher mit etwas Wasser bestreichen.

Zubereitungszeit:
30 Minuten
Backzeit: etwa 12 Minuten je Backblech

Insgesamt:
E: 40 g, F: 143 g, Kh: 366 g,
kJ: 12169, kcal: 2907

Lachgesichter-Muffins Für Kinder

12 Stück

Für den All-in-Teig:
100 g Weizenmehl
2 Pck. Gala Vanille-Pudding-Pulver
3 gestr. TL Dr. Oetker Backin
120 g Zucker
4 Eier (Größe M)
100 g Butter oder Margarine
3 EL Schlagsahne

Zum Verzieren und Garnieren:
70 g Puderzucker
2–3 TL Zitronensaft
einige Mini-Schokolinsen

1 Für den Teig Mehl mit Pudding-Pulver und Backin mischen und in eine Rührschüssel sieben. Zucker, Eier, Butter oder Margarine und Sahne hinzufügen. Die Zutaten mit Handrührgerät mit Rührbesen zunächst kurz auf niedrigster, dann auf höchster Stufe in etwa 2 Minuten zu einem glatten Teig verarbeiten.

2 Den Teig in eine Muffinform für 12 Muffins (gefettet, gemehlt) füllen. Die Form auf dem Rost in den Backofen schieben.

Ober-/Unterhitze: etwa 180 ° C (vorgeheizt)
Heißluft: etwa 160 °C (vorgeheizt)
Gas: Stufe 2–3 (vorgeheizt)
Backzeit: etwa 20 Minuten.

3 Die Muffins etwa 10 Minuten in der Form stehen lassen, dann vorsichtig aus der Form lösen und auf einem Kuchenrost erkalten lassen.

4 Zum Verzieren und Garnieren Puderzucker mit Zitronensaft zu einer dickflüssigen Masse verrühren, in einen kleinen Gefrierbeutel füllen und eine kleine Ecke abschneiden. Auf die Muffins jeweils ein Gesicht spritzen und mit Schokolinsen garnieren. Den Guss fest werden lassen.

Zubereitungszeit:
35 Minuten, ohne Abkühlzeit
Backzeit: etwa 20 Minuten

Insgesamt:
E: 42 g, F: 124 g, Kh: 347 g,
kJ: 11177, kcal: 2665

Überraschungspäckchen | Für Gäste

etwa 9 Stück

Für die Füllung:

1 Glas Sauerkirschen
   (Abtropfgewicht 175 g)
1 Pck. Dr. Oetker Saucenpulver
   Vanille-Geschmack zum Kochen
250 ml (¼ l) Schlagsahne
   oder Milch, 30 g Zucker

Für den Quark-Ölteig:

300 g Weizenmehl
3 gestr. TL Dr. Oetker Backin
125 g Magerquark, 100 ml Milch
100 ml Speiseöl, 75 g Zucker
1 Pck. Dr. Oetker Vanillin-Zucker
1 Pck. Dr. Oetker Finesse
   Geriebene Zitronenschale

1-2 Haselnusskerne

Zum Bestreichen:

1 Ei (Größe M)
1 EL Milch

Zum Verzieren :

100 g Puderzucker
etwas Kirschsaft aus dem Glas

Zubereitungszeit:
etwa 30 Minuten
Backzeit: etwa 15 Minuten je Backblech

Insgesamt:
E: 69 g, F: 160 g, Kh: 508 g,
kJ: 15686, kcal: 3744

1 Kirschen in einem Sieb abtropfen lassen, etwas Saft dabei auffangen und beiseite stellen. Saucenpulver mit etwas von der Sahne oder Milch anrühren. Restliche Sahne oder Milch mit dem Zucker zum Kochen bringen, angerührtes Pulver einrühren, aufkochen lassen, beiseite stellen und gelegentlich umrühren.

2 Für den Teig Mehl mit Backin mischen und in eine Rührschüssel sieben. Quark, Milch, Öl, Zucker, Vanillin-Zucker und Zitronenschale hinzufügen. Die Zutaten mit Handrührgerät mit Knethaken auf höchster Stufe in etwa 1 Minute zu einem Teig verarbeiten (nicht zu lange, Teig klebt sonst).

3 Teig auf der leicht bemehlten Arbeitsfläche zu einem Quadrat (36 x 36 cm) ausrollen, dieses in 9 Quadrate (12 x 12 cm) schneiden oder mit einem Teigrädchen ausrädern. Jeweils eine Teighälfte diagonal mit etwas Pudding füllen und mit einigen Kirschen belegen, dabei rundherum etwas Rand frei lassen.

4 Als Überraschung zusätzlich einen Haselnusskern in 1–2 Päckchen legen. Teigrand mit Eiermilch bestreichen, die Teigplatte diagonal zuklappen, den Rand gut andrücken und die Päckchen auf 2 mit Backpapier belegte Backbleche verteilen. Die Päckchen mit der restlichen Eiermilch bestreichen und die Backbleche nacheinander (bei Heißluft zusammen) in den Backofen schieben.

Ober-/Unterhitze: etwa 200 °C (vorgeheizt)
Heißluft: etwa 180 °C (vorgeheizt)
Gas: Stufe 3–4 (vorgeheizt)
Backzeit: etwa 15 Minuten je Backblech.

5 Die Gebäcke mit dem Backpapier auf Kuchenroste ziehen und erkalten lassen.

6 Zum Garnieren Puderzucker mit etwas Kirschsaft zu einer dickflüssigen Masse verrühren, in einen kleinen Gefrierbeutel füllen, eine kleine Ecke abschneiden und die Gebäckstücke mit Glückssymbolen verzieren oder einfach besprenkeln.

Tipp:
Die Päckchen schmecken frisch am besten.
Wer die Überraschung (Haselnuss) findet, bekommt vom Gastgeber ein kleines Geschenk.
Die Päckchen schmecken auch mit Aprikosen oder Pflaumen.

Hufeisenkekse | Einfach

20–25 Stück

Für den Teig:
2 Eiweiß (Größe M)
100 g Zucker
1 Pck. Dr. Oetker Bourbon-
   Vanille-Zucker
50 g geriebene Vollmilchschokolade
150 g gemahlene Haselnusskerne

Zum Verzieren:
25–50 g Halbbitter-Kuvertüre

1 Für den Teig Eiweiß sehr steif schlagen, Zucker und Vanille-Zucker kurz unterschlagen. Schokolade und Haselnusskerne vorsichtig unterheben.

2 Den Teig in einen Spritzbeutel mit Lochtülle füllen und Hufeisen (etwa 4 x 5 cm) auf zwei Backbleche (gefettet, mit Backpapier belegt) spritzen. Die Backbleche nacheinander (bei Heißluft zusammen) in den Backofen schieben.

Ober-/Unterhitze: etwa 140 °C (vorgeheizt)
Heißluft: etwa 120 °C (vorgeheizt)
Gas: etwa Stufe 1 (vorgeheizt)
Backzeit: etwa 20 Minuten je Backblech.

3 Die Kekse nach dem Backen mit dem Backpapier von den Backblechen auf Kuchenroste ziehen und erkalten lassen.

4 Zum Verzieren Kuvertüre in einem kleinen Topf im Wasserbad bei schwacher Hitze geschmeidig rühren. Nach Belieben „Hufnägel" aufspritzen, die Unterseite bepinseln oder die Hufeisen besprenkeln.

Tipp:
Die Hufeisen halten sich in einer Gebäckdose 2–3 Wochen.
Das Rezept lässt sich gut verdoppeln.
Die Hufeisen bekommen eine leicht fruchtige Note, wenn Sie den Teig mit 1 Teelöffel Finesse Orangenfrucht abschmecken.

Zubereitungszeit:
20 Minuten, ohne Abkühlzeit
Backzeit: etwa 20 Minuten je Backblech

Insgesamt:
E: 33 g, F: 121 g, Kh: 171 g,
kJ: 7910, kcal: 1891

Glückspilze Für Kinder

etwa 80 Stück

Für den Knetteig:
400 g Weizenmehl
½ gestr. TL Dr. Oetker Backin
75 g Zucker
1 Pck. Dr. Oetker Vanillin-Zucker
1 Prise Salz
2 Eier (Größe M)
150 g Butter oder Margarine

Zum Bestreichen:
Kondensmilch

Zum Belegen:
100 g abgezogene,
   halbierte Mandeln

Zum Verzieren:
2 leicht geh. EL Puderzucker
1 TL Wasser

Zum Garnieren:
100 g rote Belegkirschen

1 Für den Teig Mehl mit Backin mischen und in eine Rührschüssel sieben. Zucker, Vanillin-Zucker, Salz, Eier und Butter oder Margarine hinzufügen. Die Zutaten mit Handrührgerät mit Knethaken zunächst kurz auf niedrigster, dann auf höchster Stufe gut durcharbeiten.

2 Anschließend auf der leicht bemehlten Arbeitsfläche kurz zu einem Teig verkneten. Sollte er kleben, ihn in Folie gewickelt eine Zeit lang kalt stellen.

3 Teig etwa ½ cm dünn ausrollen, mit einer runden, gezackten Form (Ø etwa 5 cm) etwa 80 Kreise ausstechen und die Kreise auf 2 mit Backpapier belegte Backbleche legen. Kreise mit Kondensmilch bestreichen und mit Mandeln belegen. Die Backbleche nacheinander (bei Heißluft zusammen) in den Backofen schieben.

Ober-/Unterhitze: etwa 200 °C (vorgeheizt)
Heißluft: etwa 180 °C (vorgeheizt)
Gas: Stufe 2–3 (vorgeheizt)
Backzeit: 10–12 Minuten je Backblech.

4 Die Plätzchen mit dem Backpapier von den Backblechen auf Kuchenroste ziehen und erkalten lassen. Anschließend die Plätzchen vom Backpapier nehmen.

5 Zum Verzieren Puderzucker mit etwas Wasser verrühren, so dass ein spritzfähiger dicker Guss entsteht. Belegkirschen halbieren, mit etwas Puderzuckerguss auf die Plätzchen kleben und mit dem Guss Tupfen auf die Belegkirschen spritzen.

Tipp:
Die Glückspilze halten sich in einer gut schließenden Dose etwa 3 Wochen.

Zubereitungszeit:
50 Minuten, ohne Abkühlzeit
Backzeit: 10–12 Minuten je Backblech

Insgesamt:
E: 83 g, F: 195 g, Kh: 472 g,
kJ: 17486, kcal: 4177

Glücksbringer
(Vorwortfoto) Für Kinder

8 Stück

Zum Vorbereiten:
1 Glas (Ø etwa 6 cm)
8 Blatt Alufolie (etwa 15 x 15 cm)

Für den Biskuitteig:
3 Eier (Größe M)
75 g Zucker
1 Pck. Dr. Oetker Vanillin-Zucker
75 g Weizenmehl
15 g Speisestärke
1 leicht geh. TL Kakaopulver
1 gestr. TL Dr. Oetker Backin

Für die Füllung:
3 Blatt weiße Gelatine
1 Becher (500 g) Sahnepudding
aus dem Kühlregal

Für den Guss:
200 g Halbbitter-Kuvertüre
1 EL Speiseöl

Zum Garnieren und Verzieren:
50 g Marzipan-Rohmasse
10 g gesiebter Puderzucker
nach Belieben Speisefarbe
bunte Zuckerschrift

Zubereitungszeit:
60 Minuten, ohne Kühlzeit
Backzeit: etwa 20 Minuten

Insgesamt:
E: 69 g, F: 165 g, Kh: 373 g,
kJ: 13573, kcal: 3250

1 Zum Vorbereiten das Glas nacheinander auf die Alu-Quadrate stellen, die Alufolie darumlegen und gut andrücken. Die so entstandenen Förmchen vorsichtig ablösen, innen einfetten und mit Mehl bestäuben. Die Förmchen auf ein Backblech stellen.

2 Für den Teig Eier mit Handrührgerät mit Rührbesen auf höchster Stufe in 1 Minute schaumig schlagen. Zucker und Vanillin-Zucker mischen, in 1 Minute einstreuen, dann noch 2 Minuten weiterschlagen. Mehl mit Speisestärke, Kakaopulver und Backin mischen, auf die Eiercreme sieben und kurz auf niedrigster Stufe unterrühren. Den Teig vorsichtig auf die Förmchen verteilen. Das Backblech in den Backofen schieben.

Ober-/Unterhitze: etwa 180 °C (vorgeheizt)
Heißluft: etwa 160 °C (vorgeheizt)
Gas: Stufe 2–3 (vorgeheizt)
Backzeit: etwa 20 Minuten.

3 Die Gebäcke etwa 5 Minuten in den Förmchen abkühlen lassen, dann vorsichtig lösen und erkalten lassen.

4 Für die Füllung Gelatine nach Packungsanleitung einweichen, anschließend leicht ausdrücken und in einem kleinen Topf bei schwacher Hitze auflösen (nicht kochen). Aufgelöste Gelatine mit 1–2 Löffeln von dem Pudding verrühren, dann die Masse unter den restlichen Pudding rühren und kalt stellen.

5 Wenn die Puddingmasse beginnt dicklich zu werden, sie in einen Spritzbeutel mit Lochtülle füllen und von unten in die Gebäcke spritzen. Dazu die Lochtülle in das Gebäck stecken und vorsichtig die Creme einspritzen. Gebäcke kalt stellen.

6 Für den Guss Kuvertüre grob hacken und mit Speiseöl in einem kleinen Topf im Wasserbad bei schwacher Hitze geschmeidig rühren. Die Glücksbringer damit überziehen und auf einem Kuchenrost fest werden lassen.

7 Zum Garnieren und Verzieren Marzipan mit Puderzucker verkneten, nach Belieben einfärben und jeden Glücksbringer „anziehen"(z. B. mit Fliege oder Hosenträger). Gesichter mit Zuckerschrift aufmalen und die Glücksbringer bis zum Servieren kalt stellen.

Tipp:
Die Glücksbringer sind 3-4 Tage haltbar.

Glücklichmacher-Muffins | Beliebt

12 Stück

Für die Streusel:
40 g Weizenmehl
40 g abgezogene,
  gehobelte Mandeln
40 g Zucker
40 g Butter oder Margarine

Für den Rührteig:
100 g Butter oder Margarine
75 g Zucker
1 Ei (Größe M)
150 g Bananenjoghurt
175 g Weizenmehl
2 gestr. TL Dr. Oetker Backin
30 g Zartbitter-Raspelschokolade
1 Banane

Zum Garnieren:
75 g Halbbitter-Kuvertüre
1 TL Speiseöl
1 Banane
Zitronensaft

1 Für die Streusel Mehl in eine Schüssel sieben, restliche Zutaten hinzufügen, mit der Hand zu feinen Streuseln verarbeiten und beiseite stellen.

2 Für den Teig Butter oder Margarine mit Handrührgerät mit Rührbesen auf höchster Stufe geschmeidig rühren. Nach und nach Zucker unterrühren. So lange rühren, bis eine gebundene Masse entstanden ist. Ei etwa ½ Minute unterrühren, dann Joghurt unterrühren.

3 Mehl mit Backin mischen, sieben und in 2 Portionen auf mittlerer Stufe unterrühren. Schokoladenraspel und geschälte, fein gewürfelte Banane ebenfalls kurz unterrühren. Den Teig in eine Muffinform für 12 Muffins (gefettet, gemehlt) füllen und glatt streichen. Teig mit den Streuseln bestreuen und Streusel leicht andrücken. Die Muffinform auf dem Rost in den Backofen schieben.

Ober-/Unterhitze: etwa 180 °C (vorgeheizt)
Heißluft: etwa 160 °C (vorgeheizt)
Gas: Stufe 2–3 (vorgeheizt)
Backzeit: etwa 35 Minuten.

4 Muffins etwa 5 Minuten in der Form abkühlen lassen, dann aus der Form stürzen und auf einem Kuchenrost erkalten lassen.

5 Zum Garnieren Kuvertüre grob hacken und mit Öl in einem kleinen Topf im Wasserbad bei schwacher Hitze geschmeidig rühren. Banane schälen, in 12 Scheiben schneiden, Scheiben zur Hälfte in die Kuvertüre tauchen und auf Backpapier legen. Ungetauchte Bananenhälften mit Zitronensaft bestreichen und die Kuvertüre fest werden lassen. Die Muffins mit den Bananenscheiben belegen.

Tipp:
Die Muffins bleiben ohne Garnierung 2–3 Tage saftig.
Anstelle von Raspelschokolade und Banane schmecken auch klein geschnittene Schokobananen mit echtem Bananenmark, diese dann auch zur Garnierung verwenden.

Zubereitungszeit:
35 Minuten, ohne Abkühlzeit
Backzeit: etwa 35 Minuten

Insgesamt:
E: 54 g, F: 192 g, Kh: 395 g,
kJ: 14717, kcal: 3518

Marienkäferchen Zum Verschenken

10 Stück

Für den Rührteig:
100 g Butter oder Margarine
100 g Zucker
1 Pck. Dr. Oetker Vanillin-Zucker
1 Prise Salz
2 Eier (Größe M)
200 g Weizenmehl
1 gestr. TL Dr. Oetker Backin
1 Pck. Dr. Oetker Saucenpulver
   Vanille-Geschmack zum Kochen
3 EL Milch

Zum Verzieren:
50 g Halbbitter-Kuvertüre
175 g Puderzucker
2–3 EL Zitronensaft
rote Speisefarbe

Zum Garnieren:
Schoko-Mokkabohnen
Zuckerperlen
Schokolinsen

1 Für den Teig Butter oder Margarine mit Handrührgerät mit Rührbesen auf höchster Stufe geschmeidig rühren. Nach und nach Zucker, Vanillin-Zucker und Salz unterrühren. So lange rühren, bis eine gebundene Masse entstanden ist.

2 Eier nach und nach unterrühren (jedes Ei etwa ½ Minute). Mehl mit Backin und Saucenpulver mischen, sieben und in 2 Portionen mit der Milch auf mittlerer Stufe unterrühren.

3 Den Teig in 10 Portionen teilen und daraus mit bemehlten Händen ovale Halbkugeln formen. Die Teighalbkugeln auf ein Backblech (gefettet, mit Backpapier belegt) legen. Das Backblech in den Backofen schieben.

Ober-/Unterhitze: etwa 180 °C (vorgeheizt)
Heißluft: etwa 160 °C (vorgeheizt)
Gas: Stufe 2–3 (vorgeheizt)
Backzeit: etwa 15 Minuten.

4 Das Gebäck mit dem Backpapier vom Backblech auf einen Kuchenrost ziehen und erkalten lassen.

5 Zum Verzieren Kuvertüre in kleine Stücke hacken und in einem kleinen Topf im Wasserbad bei schwacher Hitze rühren. Puderzucker mit Zitronensaft zu einer dickflüssigen Masse geschmeidig verrühren. Die Hälfte des Puderzuckergusses mit roter Speisefarbe einfärben.

6 Das Gebäck mit der aufgelösten Kuvertüre und mit dem weißen und roten Guss bestreichen und verzieren. Augen, Nase und Punkte aufmalen. Die Marienkäfer mit Mokkabohnen, Zuckerperlen und Schokolinsen garnieren.

Zubereitungszeit:
45 Minuten, ohne Abkühlzeit
Backzeit: etwa 15 Minuten

Insgesamt:
E: 43 g, F: 127 g, Kh: 521 g,
kJ: 14235, kcal: 3400

88

Glückskekse mit Botschaft Für Gäste

etwa 15 Stück

Zum Vorbereiten:
etwas dünne Pappe
1 Bogen buntes Papier

Für den Teig:
1 Ei (Größe M)
50 g Puderzucker
50 g Weizenmehl
4 EL Schlagsahne
3 Tropfen Butter-Vanille-Aroma

1 Zum Vorbereiten 2 Schablonen herstellen, dazu aus dünner Pappe einen Kreis (Ø etwa 9 cm) ausschneiden und beiseite legen. Aus dem Bogen Papier dünne Streifen (etwa ½ cm breit und etwa 20 cm lang) ausschneiden, mit netten Worten, Sprüchen oder Wünschen beschriften und so aufrollen oder zusammenknicken, dass am Ende noch ein etwa 5 cm langer Papierstreifen absteht.

2 Für den Teig Ei mit Puderzucker in eine Rührschüssel geben und gut verrühren, Mehl, Sahne und Aroma unterrühren. Die Schablone auf ein Backblech (gefettet, mit Backpapier belegt) legen und mit Teig ausstreichen (das geht am besten mit einer Teigpalette, damit die Teigschicht schön gleichmäßig aufgestrichen wird). Schablone vorsichtig abziehen. Wenn 1–2 Kekse aufgestrichen sind, das Backblech in den Backofen schieben.

Ober-/Unterhitze: etwa 200 °C (vorgeheizt)
Heißluft: etwa 180 °C (vorgeheizt)
Gas: etwa Stufe 3–4 (vorgeheizt)
Backzeit: etwa 4 Minuten.

3 Die goldgelb gebackenen Kekse schnell nacheinander vom Backpapier lösen und die Papierstreifen auf die Kekse legen, so dass die nicht aufgerollten Streifen überstehen. Kekse zweimal zur Mitte überklappen und fest andrücken (dabei schnell vorgehen, da das Überklappen nur funktioniert, solange die Kekse noch heiß sind, sonst evtl. nochmals kurz im Backofen erwärmen).

4 Den restlichen Teig nach und nach ebenso in Schablonen streichen und backen (die Schablone kann mehrfach verwendet werden).

Botschaften:
- Glück ist nichts, bis du es in den Händen hältst.
- Manchmal führt nur der Umweg ans Ziel.
- Unerwartet erlangst du Gewissheit.
- Glück und Geld kommen bald zu dir.
- Bald hast du Gelegenheit, eine Änderung zu deinem Vorteil vorzunehmen.
- Mache einen Wunsch wahr.
- Der Schein trügt nicht immer.
- Über den Wolken scheint immer die Sonne.
- Du erhälst überraschend Besuch.
  (weitere Botschaften siehe Seite 70)

Zubereitungszeit:
50 Minuten
Backzeit: etwa 4 Minuten je Backblech

Insgesamt:
E: 14 g, F: 22 g, Kh: 87 g,
kJ: 2510, kcal: 599

Hab' Sonnenschein im Herzen!

Gefüllte Glücksschweinchen
(Titelrezept) | Für Kinder

10 Stück

Für den Hefeteig:
375 g Weizenmehl
1 Pck. Dr. Oetker Trockenbackhefe
50 g Zucker
1 Ei (Größe M)
1 Becher (150 g) Crème fraîche
125 ml ($\frac{1}{8}$ l) warme Milch

Für den Knetteig:
150 g Weizenmehl
100 g Butter oder Margarine
1 TL Zucker

Für die Füllung I:
1 kleine Dose Birnenhälften
  (Abtropfgewicht 230 g)
1 Becher (150 g) Crème fraîche
1 Pck. Dr. Oetker Bourbon-
  Vanille-Zucker

Für die Füllung II:
1 kleine Dose Pfirsichhälften
  (Abtropfgewicht 250 g)
250 g Magerquark
1 Eigelb (Größe M)
30 g Zucker

1 Eiweiß (Größe M)

Zum Garnieren:
einige Nelken und Korinthen
1 Eigelb (Größe M), 1 EL Milch

Zubereitungszeit:
90 Minuten, ohne Teiggehzeit
Backzeit: etwa 20 Minuten

E: 127 g, F: 205 g, Kh: 604 g,
kJ: 19902, kcal: 4765

1 Für den Hefeteig Mehl in eine Rührschüssel sieben und mit der Hefe sorgfältig vermischen. Alle übrigen Zutaten hinzufügen und mit dem Handrührgerät mit Knethaken zunächst auf niedrigster, dann auf höchster Stufe in etwa 5 Minuten zu einem Teig verarbeiten. Den Teig so lange an einem warmen Ort stehen lassen, bis er sich sichtbar vergrößert hat, ihn dann auf höchster Stufe nochmals gut durchkneten.

2 Für den Knetteig Mehl in eine Rührschüssel sieben, die restlichen Zutaten hinzufügen und mit Handrührgerät mit Knethaken zunächst auf niedrigster, dann auf höchster Stufe gut durcharbeiten. Teig kurz kalt stellen.

3 Für Füllung I Birnen in einem Sieb abtropfen lassen, in feine Würfel schneiden und mit Crème fraîche und Vanille-Zucker verrrühren.

4 Für Füllung II Pfirsiche in einem Sieb gut abtropfen lassen, in feine Würfel schneiden und mit Quark, Eigelb und Zucker verrühren.

5 Gegangenen Hefeteig und Knetteig auf einer bemehlten Arbeitsfläche miteinander verkneten. Teig dünn ausrollen und 20 Kreise (Ø etwa 12 cm) ausstechen. Die Hälfte davon auf 2 mit Backpapier belegte Backbleche verteilen und je 5 davon mit einer der Füllungen belegen, dabei die Ränder frei lassen. Die Ränder mit verschlagenem Eiweiß bestreichen, die restlichen Teigplatten darauf legen und an den Rändern gut andrücken. Die Oberfläche mehrmals einstechen.

6 Aus dem restlichen Teig 10 kleine Kreise (Ø 2–3 cm) ausstechen und 20 kleine Dreiecke ausschneiden, auf einer Seite mit Eiweiß bestreichen und als „Nasen" und „Ohren" anlegen. Mit einem Holzstäbchen Augen und Nasenlöcher andeuten und Nelken und Korinthen eindrücken. Den Teig nochmals gehen lassen, bis er sich sichtbar vergrößert hat, mit verschlagener Eigelbmilch bestreichen und in den Backofen schieben.

Ober-/Unterhitze: etwa 180 °C (vorgeheizt)
Heißluft: etwa 160 °C (vorgeheizt)
Gas: Stufe 2–3 (vorgeheizt)
Backzeit: etwa 20 Minuten.

Tipp:
Die Glücksschweinchen schmecken frisch am besten.

Kapitelregister

Torten

Glückshoroskop-Torte 6

Glückspilz-Torte 8

Glücksschwein-Torte 10

Erdbeer-Käfer-Torte 12

Sternschnuppentorte 14

Gute-Wünsche-Torte 16

Glückspilz-Käsekuchen 18

Wilhelm-Tell-Torte 20

Valentinstags-Torte 22

Kleeblatt-Torte 24

Glücksfeen-Torte 26

Happy-Birthday-Torte 28

Kuchen vom Blech

Glücksbotenpost 30

Schatzkarte 32

Amor-Torte 34

Siegertreppchen 36

Rosarote-Brille-Torte 38

Wunderlampe 40

Lotto-Torte 42

Wolke-7-Torte 44

Glücksschwein 46

Goldader-Kuchen 48

Schutzengel-Kuchen 50

Kuchen aus der Form

Zaster-Napfkuchen 52

Marienkäfer 54

Saftiger Glücksgeschenke-Kuchen 56

Schornsteinfegerhut 58

Rosenherz 60

Glücklichmacher-Kuchen 62

Hufeisentorte 64

Geburtstags-Gugelhupf 66

Kleingebäck

Glückswürfel 68

Glücksröllchen mit Botschaft 70

Kleine Herzenswünsche 72

Glückstaler 74

Lachgesichter-Muffins 76

Überraschungspäckchen 78

Hufeisenkekse 80

Glückspilze 82

Glücksbringer 84

Glücklichmacher-Muffins 86

Marienkäferchen 88

Glückskekse mit Botschaft 90

Gefüllte Glücksschweinchen (*Titelrezept*) 92

Alphabetisches Register

A

Amor-Torte 34

E

Erdbeer-Käfer-Torte 12

G

Geburtstags-Gugelhupf 66

Gefüllte Glücksschweinchen (**Titelrezept**) 92

Glücklichmacher-Kuchen 62

Glücklichmacher-Muffins 86

Glücksbotenpost 30

Glücksbringer 84

Glücksfeen-Torte 26

Glücksgeschenke-Kuchen, saftiger 56

Glückshoroskop-Torte 6

Glückskekse mit Botschaft 90

Glückspilz-Käsekuchen 18

Glückspilz-Torte 8

Glückspilze 82

Glücksröllchen mit Botschaft........................70

Glücksschwein 46

Glücksschweinchen, gefüllte (**Titelrezept**) 92

Glücksschwein-Torte 10

Glückstaler 74

Glückswürfel 68

Goldader-Kuchen 48

Gute-Wünsche-Torte......................................16

H

Happy-Birthday-Torte 28

Herzenswünsche, kleine.................................72

Hufeisenkekse...80

Hufeisentorte..64

K

Kleeblatt-Torte..24

Kleine Herzenswünsche 72

L

Lachgesichter-Muffins 76

Lotto-Torte 42

M

Marienkäfer 54

Marienkäferchen 88

R

Rosarote-Brille-Torte 38

Rosenherz 60

S

Saftiger Glücksgeschenke-Kuchen.................56

Schatzkarte 32

Schornsteinfegerhut 58

Schutzengel-Kuchen.......................................50

Siegertreppchen 36

Sternschnuppentorte 14

U

Überraschungspäckchen 78

T

Valentinstags-Torte 22

W

Wilhelm-Tell-Torte...20

Wolke-7-Torte 44

Wunderlampe 40

Z

Zaster-Napfkuchen...52

Umwelthinweis	Dieses Buch und der Einband wurden auf chlorfrei gebleichtem Papier gedruckt. Die Einschrumpffolie – zum Schutz vor Verschmutzung – ist aus umweltfreundlichem und recyclingfähigem PE-Material.
	Wenn Sie Anregungen, Vorschläge oder Fragen zu unseren Büchern haben, rufen Sie uns unter folgender Nummer an 0521 155-2580 oder 5206-51 oder schreiben Sie uns: Dr. Oetker Verlag KG, Am Bach 11, 33602 Bielefeld oder besuchen Sie uns im Internet unter www.oetker.de.
Wir danken für die freundliche Unterstützung	Masterfoods, Viersen
Copyright	© 2005 by Dr. Oetker Verlag KG, Bielefeld
Redaktion	Sabine Puppe
Titelfoto	Thomas Diercks, Hamburg
Innenfotos	Ulli Hartmann, Bielefeld (S. 4, 7, 17, 19, 27, 31, 35, 39, 41, 45, 49-53, 57, 63, 71, 75, 79, 81, 85, 91) Thomas Diercks, Hamburg (S. 13, 47, 65, 69, 77, 87, 89) Kramp & Gölling, Hamburg (S. 29, 33, 55, 83, 93) Bernd Lippert, Bielefeld (S. 37, 43, 61, 67) Axel Struwe, Bielefeld (S. 21) Brigitte Wegner, Bielefeld (S. 9, 11, 15, 23, 25, 59, 73)
Foodstyling	Claudia Glünz, Nordhorn
Rezeptentwicklung und -beratung	Sabine Lange, Oetzen Anke Rabeler, Berlin
Grafisches Konzept	M·D·H Haselhorst, Bielefeld
Gestaltung	M·D·H Haselhorst, Bielefeld
Titelgestaltung	kontur:design, Bielefeld
Reproduktionen	MOHN Media • Mohndruck GmbH, Gütersloh
Satz	Typografika, Bielefeld
Druck und Bindung	MOHN Media • Mohndruck GmbH, Gütersloh

Die Autoren haben dieses Buch nach bestem Wissen und Gewissen erarbeitet. Alle Rezepte, Tipps und Ratschläge sind mit Sorgfalt ausgewählt und geprüft. Eine Haftung des Verlages und seiner Beauftragten für alle erdenklichen Schäden an Personen, Sach- und Vermögensgegenständen ist ausgeschlossen.

Nachdruck, auch auszugsweise, nur mit ausdrücklicher Genehmigung und Quellenangabe gestattet.

ISBN 3–7670–0824–6